藝　文　叢　刊

四王畫論 上

〔清〕王時敏　等著
韓雅慧　點校

浙江人民美術出版社

圖書在版編目（CIP）數據

四王畫論 /（清）王時敏等著；韓雅慧點校. --杭州：浙江人民美術出版社，2023.2

（藝文叢刊）

ISBN 978-7-5340-9838-3

Ⅰ.①四… Ⅱ.①王… ②韓… Ⅲ.①中國畫-繪畫-理論-中國-清代 Ⅳ.①J212

中國版本圖書館CIP數據核字（2022）第247915號

藝文叢刊

四王畫論

〔清〕王時敏 等著　韓雅慧 點校

責任編輯：霍西勝　楊雨瑶
責任校對：余雅汝
整體設計：傅笛揚　易問菊
責任印製：陳柏榮

出版發行　浙江人民美術出版社
　　　　　(杭州市體育場路347號)
經　　銷　全國各地新華書店
製　　版　浙江時代出版服務有限公司
印　　刷　浙江海虹彩色印務有限公司
版　　次　2023年2月第1版
印　　次　2023年2月第1次印刷
開　　本　787mm×1092mm　1/32
印　　張　9.5
字　　數　168千字
書　　號　ISBN 978-7-5340-9838-3
定　　價　68.00圓（全二册）

出版説明

所謂「四王」，即指清初山水畫家王時敏、王鑑、王翬以及王原祁等四人。王時敏（一五九二—一六八〇），初名贊虞，字遜之，號煙客、懦齋、偶諧道人、西廬老人等，江南太倉（今屬江蘇蘇州）人。王鑑（一六〇九—一六七七），字玄照，因避康熙帝諱，改字元照，一作圓照，號湘碧、染香庵主、弇山後人等，又因曾官廉州太守，所以世稱「王廉州」，江南太倉人。王翬（一六三二—一七一七），字石谷，號耕煙散人、劍門樵客、烏目山人、清暉老人等，江南常熟（今屬江蘇蘇州）人。王原祁（一六四二—一七一五），字茂京，石師道人，别號麓臺，江南太倉人。康熙九年（一六七〇）進士，累官少司農。四人之間或爲師友，或屬親族，故後世將其并稱「四王」。

四王在清代繪畫史上前承董其昌，後啟婁東、虞山等畫派，崇尚「元四家」，强調師古，深究筆墨，被視爲畫之正宗，追隨者甚衆，影響至爲深遠，在我國傳統繪畫史上具有學實踐、理解其畫學思想皆有一定的價值。下面簡略介紹所收各著作内容及版本等方面的情況：

王時敏畫論部分主要收録《西廬畫跋》《王奉常書畫題跋》兩種。（一）《西廬畫跋》一卷，收入清秦祖永所編《畫學心印》。考其内容，或直接録自書畫墨跡，或間接録自《婁水文徵》《清暉閣贈貽尺牘》等文獻，是開煙客書畫論整理先河的著作。此書雖收録不及後出之《王奉常書畫題跋》豐富，但在文字等方面却保留了不少與後者相異之處，自具價值。今即以《畫學心印》本爲底本，標點整理。（二）《王奉常書畫題跋》二卷，清宣統間李玉棻刊行。據書前李氏自序云，乃據舊抄本重新校訂而成：「此卷世鮮知者，涿鹿尊行芝陔老人，昔在商丘宋牧仲裔孫家，得見鈔本，字多蠹蝕，倉卒借鈔，無可校正，故久未示人。癸卯秋初，棻以索讀，遂得所歸，藏之篋衍，倏忽七年。客冬晴窗夜雪，手自校讎，付之剞劂，俾世之擿埴索塗者，能知畫理。」此本較爲系統而全面地梳理了王時敏書畫題跋，是研究王氏書畫思想重要文獻。二十世紀八十年代，上海人民美術出版社曾據李氏刊本予以標點整理，收入《中國畫論文庫》本（簡稱畫論文庫本）。此書書後附有署名「季海」（或即朱季海先生）校勘記多則，頗多創見。今即以李氏所刊本爲底本標點，并參校以畫論文庫本。

王鑑畫論部分主要收録《染香庵跋畫》一種。此書最早見於清秦祖永所編《畫學心印》，據内容看當係秦氏輯録成書。前三則爲題王翬畫作，當出於《清暉贈言》；後一則爲跋己作，蓋秦氏輯自王鑑傳世畫作。此次點校《染香庵跋畫》，即據《畫學心印》本整理。

王翬畫論部分主要收録《清暉畫跋》一種。此書最早亦見於清秦祖永所編《畫學心印》，收録王翬題跋十六則。此次點校《清暉畫跋》，亦據《畫學心印》本整理。

王原祁畫論部分主要有《雨窗漫筆》《王司農題畫録》《王司農題畫録補佚》以及點校者輯録書畫題跋部分。（一）《雨窗漫筆》，以《翠琅玕館叢書》本爲底本，校以《畫學心印》本，予以點校整理。（二）《王司農題畫録》卷上、卷下，并校以上海博物館所藏稿本（以下簡稱「稿本」）以及上海圖書館所藏抄本（以下簡稱「抄本」）。（三）《王司農題畫録補佚》，乃民國間陸以埜所輯，刊於一九四四年《江蘇文獻》。（四）書畫題跋輯佚，乃就文獻著録及收藏機構所藏作品所作輯佚，拍賣所見書畫墨跡未予收録。

點校者於安陽師範學院
二〇二二年二月

目録

輯佚

王時敏畫論

西廬畫跋

畫雖一藝，古人於此冥心搜討，慘淡經營，必功參造化，思接混茫，迺能垂千秋而開後學。原其流派所自，各有淵源，如宋之李、郭，皆本荊、關；元之四大家，悉宗董、巨是也。近世攻畫者如林，莫不人推白眉，自詡巨手，然多追逐時好，鮮知古學。即有知而慕之者，有志仿效，無奈習氣深錮，筆不從心者多矣。間有傑出之英，靈心妙解，力追古法，亦不過專學幾家，豈能於歷代諸名蹟盡得其閫奥？且形似者神或不全，神具者形多未肖，求其筆墨逼真，形神俱似，羅古人於尺幅，萃衆美於筆下者，五百年來從未之見，惟吾石谷一人而已。石谷天資靈秀，固自胎性帶來。其於畫學取精去觕，研深入微，見解與時流迥別。又館毘陵者累年，於唐孔明先生所遍觀名蹟，磨礱浸灌，刓精竭思，稟曰盡脱。而復意動天機，神合自然，猶如禪者徹悟到家，一了百了，所謂「一超直入如來地」，非一知半解者所能望其塵影也。近過敝廬，爲余作雪圖長卷，兼用右丞、營邱法，其行筆布置，瑰麗高寒，各極其致，宛然天造地設，不能增減一筆，而皴擦勾斫、渲染開闔之法，無一不得古人神髓。昔人謂：「昌黎文，少陵詩，無一字無出處。」今石谷之畫亦然。蓋其學富力深，遂與俱化，心思所至，左右逢源，不待仿摹，而古人神韻自然湊泊筆端者，要皆元本之功耳。余於畫道有癖嗜，顧以資質鈍劣，又嬰物務不能懇習，迄以無成。生平所交畫友數輩，亦多未脱時趨，意謂風尚止此。不圖疲暮之年，得遇石谷，且親見其盤礴，如古人忽復現前，詎非大幸。然猶恨相遇之晚，不能不致歎於壯盛之緣慳也。自慚椎魯無文，於妙繪神奇未能罄揄萬一，聊識古法源委，并我兩人定交因緣，以見絶藝固自有真，且以訂歲寒之盟云耳。

右丞《江山霽雪圖》，爲馮大司成舊藏者，後歸新安程季白。余昔年京邸與程連牆，朝夕過從，時得展玩。迄今三十餘年，不知此圖屬之誰氏，自分此生已不復再覯矣。前歲偶過沈伊在齋頭，見石谷所作雪卷，寒林積素，江村寥落，一一皆如真境，宛然輞川筆法。蓋因淵思兼得神解，於古人同鼻孔出氣，下筆自然契合，無待規摹。昔人評右丞畫，「雲峰石色，迥出天機，筆意縱横，參乎造化」，以題此卷，亦復何忝。余實愛慕，未能暫釋諸懷，顧以日久漸忘，不無悵悵。今伊在同余爲廣陵之游，攜至舟中，復得縱觀累日。追憶右丞真蹟，宛在心目，焕若神明，頓還舊觀，詎非殘年大幸？因書其後，聊以志快。若伊在、石谷，筆精墨妙，塤篪競爽，作家相遇，故宜其拋撒乃爾，又不必贅論矣。

石谷畫道甲天下，鑒賞家定論久歸。然余比年每見其新作，必詫爲登峰造極，無以復加。及繼見，則又過之。未知將來所詣，果何底止。昔柳子論觀文，謂如懸衡，增之銖兩則俯，反是則仰，欲令吾俯，莫若增重其文，苟增之不已，將懼吾首至地。余觀石谷畫亦然。石谷日進乎技，一樹一石，無不與諸古人血脈貫通。如子久逸韻出塵，學者僅能摹其郛廓，乃獨奪神抉髓，使之重開生面，尤非時流可幾萬一。余展玩服膺，不覺弛氣墨，豈但首之至地也哉。

江貫道專師巨然，其皴法不甚用筆，而以墨氣濃淡渲運爲主。鄧公壽作《畫繼》，在巖穴上士之列，爲南宋第一名家。石谷此圖林麓映帶，峰嶺紆迴，皴染位置，悉得巨然三昧。雖規模貫道，而取精去駁，遠出於藍。自非於逸園有夙知之合，何以得此！歎羨歎羨。

石谷此圖雖仿山樵，而用筆措思全以右丞爲宗，故風骨高奇，迥出山樵規格之外。春晚過婁，攜以見眎。余初欲留之，知其意頗自珍，不忍遽奪，每爲悵悵然。余時方苦嗽，得飽玩累日，霍然失病所在，始知昔人檄愈頭風，良不虛也。

宣和主人於萬幾之下，游戲丹青，山水樹石外，間作花鳥蟲魚，用以寫生適興。其措意用筆處，往往迥出天機，超然塵表，絶非尋常畦逕可及。此《江渚秋晴卷》，純仿楊昇，不多用筆，全以色渲染成圖，疏爽高奇，如三代彝鼎照人，洵稱希世之寶。舊爲余所購藏，後歸虞山宗伯。既聞遭鬱攸之厄，時復悵然於懷。不意石谷乃能追意臨摹，不爽毫髮。過婁，攜以見眎，反覆披翫，焕若神明，頓還舊觀，歡喜不能釋手。惜原本先爲六丁取去，弗獲爲延津雙龍之合耳。

畫不在形似，有筆妙而墨不妙者，有墨妙而筆不妙者。能得此中三昧，方是作家。此圖爲孔明先生作，峰巒樹石，大率規模承旨。然趙於古法中，以高華工麗爲元畫之冠。此尤以淡逸見奇，筆墨兼妙，從董、巨伐毛洗髓得來，故於仿古皆能超軼其上，非獨承旨，此圖亦一證也。蓋與孔明投契最深，實有殉知之合。不然，何以抛撒逗漏至此。

昔董文敏嘗爲余言，子久畫冠元四家，得其斷楮殘縑，不啻吉光片羽。而生平所最合作，尤莫如《富春山卷》。蓋以神韻超軼，體備衆法，又能脱化渾融，不落筆墨畦徑，故非人所企及。此誠藐林飛仙，迥出塵埃之外者也。余二十年前過荆溪，一鉅公拉同往延陵氏請觀，以遄歸弗果。既聞此卷有爨桐之厄，幸而所損無多。復爲精鑒者購藏，益信有神物呵護。一江帶隔，不能鼓枻往觀。然殘年猶作妄想，庶幾旦暮遇之。去冬，吾友陸子桴亭歸自毘陵，云見石谷子臨摹一卷，神采覺異常筆，因思石谷於宋元名蹟摹仿無不奪真，子久猶其所深詣，定知焕若神明，頓還舊觀。不敢望見真跡，見此摹卷，足矣。中心卷卷然，如飢渴之於飲食，欲須臾忘而不可得。適石谷再過小齋，并攜孔老、照老二跋見眎，益令人悵觸豔羡，營魄回皇，不能自已。雖石谷許以別摹貽贈，然渠應酬紛遝，食息不皇，安得有千手眼，以慰余夢寐之求耶！兩卷余皆未得寓目，特紀平日積慕與無緣披覯始末，以堅石谷息壤之盟焉耳。

余家藏趙大年《湖鄉清夏圖》，柳汀竹嶼，茅舍漁舟，種種天趣，非南渡後人可及。石谷此圖仿佛相似，而清遠疏朗過之，洵稱冰寒於水。

書畫之道，以時代爲盛衰。故鍾、王妙蹟，歷世罕逮；董、巨逸軌，後學競宗。固山川毓秀，亦一時風氣使然也。唐宋以後畫家正脈，自元季四大家、趙承旨外，吾吴沈、文、唐、仇，以臮董文敏，雖用筆各殊，皆刻意師古，實同鼻孔出氣。邇來畫道衰熸，古法漸湮，人多自出新意，謬種流傳，遂至衺詭不可救挽。乃有石谷起而振之，凡唐宋元諸名家，無不摹仿逼肖。偶一點染，展卷即古色蒼然。毋論位置蹊徑，宛然古人，而筆墨神韻，一一尋真。且仿某家，則全是某家，不雜一他筆。使非題款，雖善鑑者不能辨。此尤前此未有，即沈、文諸公亦所不及者也。余嘗謂石谷惜生稍晚，不及遇文敏公。使公見之，不知如何擊節歎賞。石谷亦自恨無緣，時爲惘惘。今此卷雲煙滅没，林木鬱森，全從營邱、巨然得筆，而兼燕文貴之景物萬變，尤稱生平合作。今秋將赴櫟園少司農之招，欲即用爲贄，因出以示余，而屬爲標置。蓋櫟翁風流博雅，爲士夫之宗、精鑒之祖，其於石谷相慕甚殷，一見訢合，固不待言。而石谷感遇殉知，殫其靈心妙指，爲清閟几席之供者，瓌異更不可數計。所謂得夫子而名益彰也。初即不遇文敏，今得遇司農，已足快平生矣，又何生不逢時之慨哉。

石谷此圖，爲以韜張君飛鶴來庭而作，其林木蒨葱，峰巒峭拔，儼然伯駒《仙山樓閣圖》，而秀逸過之，令觀者有飄飄霞外之思。蓋鶴者仙禽，其九皋之響、萬里之心，正與以韜貞姿遠性互相吸引，故宜翩然來下，依止軒墀。而又得石谷以神妙之筆繪成長卷，雲氣滃溢其間。他日挾之遨游八極，當如蘇公駕鶴往來，更無待僧繇畫龍點睛矣。

松年畫秀美絶倫，然猶未脱蹊徑。一入石谷手，便超逸高妙乃爾。此真藝林絶致，古今罕二，安得不令人傾心歎服哉！特題其端，以識獲觀之幸。

元季四大家皆宗董、巨，穠纖澹遠，各極其致。惟子久神明變化，不拘拘守其師法。每見其布景用筆，於渾厚中仍饒逋峭，蒼莽中轉見娟妍，纖細而氣益閎，填塞而境愈廓，意味無窮，故學者罕窺其津涉。獨石谷妙在神髓，不徒以神似爲能，尤非餘子可及。然子久真蹟，余平生所見，幾及二十餘幀，家藏亦有三四，今皆散佚無存。猶憶董文敏公云，黄畫圖片紙尺璧，畢竟以《富春圖卷》爲第一，恨未之見。數年前，聞石谷爲晋陵唐氏臨寫一卷，亦未得寓目。但懸擬神韻，題數語於别幅，聊志羡慕之意。舊冬，石谷偶游潤州，復爲在辛侍御對臨真本。今將赴焦山度夏之約，過婁話别，因攜此卷見眎。始見其筆墨縱横，超逸入神，有運斤成風之妙，而總歸於平淡。大癡二百年翻身出世作怪，白石翁所以自況者。徵之今日，端不多讓。余殘年何幸，獲此鉅觀。雖欣羡有心，未敢輕請，迺蒙石谷慨許舐筆，兼欲索侍御題識見貽，聞之益不勝狂喜。侍御清風峻節，砥柱頹波，麗藻雄文，主盟風雅，余皈嚮亦已有年，顧髦衰無由披覿。今邀借芬齒，被以餘光，詎非三生慶快。而石谷古今絶藝，得夫子而名益彰，神怡務閑，又得江山之助，其進乎技者，正不知所止。長夏深林，解衣盤礴，吾知息壤之盟未寒，瓊枝之投有望矣。

元四大家畫皆宗董、巨，其不爲法縛，意超象外處，總非時流所可企及。而山樵尤脱化無垠，元氣磅礴，使學者莫能窺其涯涘，故求肖似良難。惟石谷深得其神髓，尺幅巨幛，無不亂真。此卷爲高足荇文作，凡林壑之開闔蔽虧，煙雲之變幻滅没，寓法度於縱放之中，得奇趣於筆墨之外，山樵奇秘密藏，指授已無餘藴。荇文得此，心摹手追，行見黄鶴一燈，近在虞山相續無盡，詎非蓺林快事耶！書以志喜。

石谷於畫道研深入微，凡唐宋元名蹟，已悉窮其精藴，集以大成，聲名驚爆海内，遠近丐求者户外屨滿，欲作鐵門限久矣。近從鹿城舟次得快覩巨册，摹古共二十幀，筆端變化，於前喆神韻種種，各極其致。展玩迴環，如探海藏，如羅寶綱，不覺目眩魂摇。但惜先有所歸，不獲乞爲家秘，朝夕坐卧其間，猶不勝悵惘耳。

石谷畫囊括古人，凌軼近代，聲名震爆海内，無待縷述也久矣。爾日過婁，攜一巨卷，高尺有咫，而長則數十倍之，乃爲高弟西園作者。初猶秘不示人，既從其篋中搜得，纔一展觀，便覺煙雲滿紙，其間雲巒層疊，林木盤紆，薈蔚蒙茸，恍迷出入，而尋源抉奥，飛泉曲磴，歷歷分明。且皴斫拘點諸法具備，變幻無窮，一以高古莽蒼爲主。總之化機在乎元氣淋漓，合荆、關、董、巨爲一，蓋有不期然而自然者，真極藝苑之能事，爲畫禪之大觀也。吴中自文、沈、唐、仇之後，有石谷子，畫道始樹正鵠，及門者英俊輩出，争奇競爽。今又有此卷爲矜式，使學者知所嚮方，將來虞山一隅，筆墨之盛，正未知所止。余衰耄殘年，猶及見之，可勝慶幸！

吴門自白石翁、文、唐兩公時，唐宋元名蹟尚富，鑒賞盤礴與之血戰，觀其點染，即一樹一石，皆有原本，故畫道最盛。自後名手輩出，各有師承，雖神韻浸衰，矩度故在。後有一二淺識者，古法茫然，妄以己意衒奇，流傳謬種，爲時所趨，遂使前輩典型蕩然無存。至今日，而瀾倒益甚。雲間董宗伯後亦云，良可慨也。虞山王子石谷，天資既高，又師事廉州，受正法眼藏，規模古人，遂得三昧。兹偕廉州過訪，請余盡出所藏宋元人畫縱觀，多有悟入，能於筆墨之外，抉摘其元妙，尤爲時流所難，將來精進，未見其止。此卷遍仿宋元諸家，皆平日偶見名蹟，藴之胸中，而驅之筆端者，氣韻往往奪真。眼之所見，手輒隨之，自是當今絶藝。吴中畫道之衰，端賴振起，不獨稱雄一時矣。可勝歎服。

丹青家具文秀之質，而渾厚未足；得遒勁之力，而風韻不全。至如石谷，衆美畢具，可謂毫髪無遺恨矣。此圖深沈澹遠，元氣靈通，尤稱合作，良可寶也。

王奉常書畫題跋卷上

跋謝艮齋勸農詩丙戌清和月

謝艮齋先生《勸農》二詩，描寫田家之樂，莫可移易。余少時見之，深愛其語，而數十年來，風塵棲息，犁雨鉏雲，有志未遂。西郊十里外舊有水田二頃，今歲春仲偶過之，樂其幽曠，遂誅茅卜居其中。於時膏雨初晴，覃耜具舉，余將身服襏襫，從事菑畬，庶幾氾〔一〕勝《農書》，即爲放翁《緒訓》。因手録二詩，鋟板流布，以代呴牛之歌，并與田鄰耕伴交相勸云爾。

跋先文肅尺牘

辛卯中秋，林若撫先生過訪，攜此册見眎，皆一時巨公與若撫王叔父尊甫先生往還手牘，而先文肅學憲尤多。蓋緣少共研席，契誼最深，故書辭皮膚脱盡，止留真實。仰見前人友道交情，非晚近悠悠者可比。余以先公手澤所存，莊誦之餘，不勝感愴，特書數語歸之。

中州陳簡菴索題手書先公行狀後

參政公德備四科，學融二氏，其徽猷懿行，良足振耀千古，映徹九泉。彭公狀事事精核，無一溢辭。而嗣君簡菴復手録一册，字畫端楷，規摹元常，始終無一惰筆，仁人孝子之用心，即此可見。傳之世世，誠陳氏之天球河圖也。某得拜觀，敬題數語，以識皈仰。

題善財院華嚴經後

吴門天宫寺善財院信一上人，嚴持梵行，兼工詩畫，發大宏願，請德温韓居士書《華嚴經》，全部告成，遍乞四方緇素，每卷爲之跋尾，併及於余。余最暗劣，於《華嚴》妙義茫然。惟聞善財童子見大莊嚴園毘盧樓閣門開，得見慈〔二〕氏，一身偏入，交光互現，證此一切境界莊嚴藏解脱門，是知盡十方刹土，一切不思議事皆歸性海，則此經塵沙點畫，一一點畫中普含十方界，一一界中普現光明幢。信公從此悟入，是性是相，互融互攝，經卷字畫，一切俱泯。不出善財院，而諸妙樓閣門，彈指一時啟，奚待歷百城煙水哉？余族叔敷求，寓信公寮，歸述勝因，故爲讚歎之如此。

跋蘭亭石刻

《蘭亭》石刻本種數甚多，惟定武爲最。據姜白石考，定武有三刻，五字損本爲致佳。今見此帖，其損處正合，而字畫肥瘦得中，精采焕發，其爲定武薛本無疑。大翁素精書法，又得此帖爲矜式，如寶刀入荆卿手，其神用更當百倍矣。健羨健羨。

題十七帖

右軍十七等帖，諸刻中多有之。此爲唐摹秘本，紙墨迴異，神采奕奕，下真跡一等物也。不意殘年獲此奇觀，聊記歲月，以志慶幸。

題米南宫字文

米襄陽少時書，不能自立一家，專事橅帖，人有規之者曰：「須得勢乃傳。」襄陽由此大悟。後語人作字之法，必以勢爲主。宋四家真蹟并重於世，惟公尤烜赫千古者，以勢勝也。此《千字文》筆光墨彩，奕奕照人，一點畫間皆具鸞迴鳳翥之勢，洵稱希世奇寶。永師鐵門限，諸本不得專美於前矣。

題婁子柔書唐叔達詩册

疁邑唐、婁兩先生皆余父執，并以道德文章名世。婁尤精於書學，其法原本山陰，旁追北海，爲海内所珍求，來者户外屨滿，幾同永師鐵門限。此册書叔達先生《園中詩》八首，詩聖墨仙，允稱合璧。爲德超購藏，眎余，屬爲之跋。展觀結構精密，神采陸離，洵得晉唐三昧。德超素工臨池，又得此册爲師模，戈法當益進，宜其寶護如襲連城。追溯疁中諸君子，學問藝業，悉有淵源。前輩風流，何可復見！俯仰今昔，實有餘思，寧第字畫足傳也哉。

跋孫漢陽隸書千字文

吾吳自文太史父子并工隸書，古法兼饒天趣，秀逸絶倫。華亭孫漢陽繼起，更以蒼勁取姿，名滿海内，并稱八分之傑。雖兩家風格稍殊，要皆原本《受禪》《夏承碑》，故能窮微極造，凌跨唐宋，後遂寥寥嗣響。余自髫丱即知躭習，姿鈍腕弱，白首未能精詣者，良由天分有限耳。大翁觀察藏此册有年，近始出以見眎，展玩精光横溢，不覺目眩神揺，益自慚其拙劣。且昔漢陽書册，與余今日獲觀，歲皆丁未年，齒亦相同，尤爲奇事。

豈余與前喆水乳冥契，固有宿緣？俯仰六七年，典型具在，迺不能追躡後塵，可勝愧歎。

題沈伊在詩草

余初交伊在，見其清標玉立，逸韻風生，汎湘澧之崇蘭，濯靈和之春柳，竊以爲英妙勝流。既知其工詩善畫，追蹤古人，擬隱侯之八詠，擅長康之三絶，又以爲風雅巨擘。然未能窺其奥也。頃余偶有維揚之行，滸關邂逅，幸與同途，方舟懽聚者累日夕。親見其盤礴點染，秀逸絶倫。及觀所著詩歌，盈溢緗帙，拔新領異，無一字作火食人語，意味蕭遠，總似其畫與人，益不勝歛襟歎服，深愧向來知之不盡。夫明珠良玉，賢愚知寶。余雖不知詩，而瑰異當前，豈遂有目無覩？用以数言附諸名公之後，聊志欣賞。併幸少日周旋，重沾道韻，發覆良多。庶幾殘年遠跋，爲不徒爾。

題董文敏仿蘇黄米蔡書

文敏公仿宋四家，不拘拘形似，而各得其神韻，所謂善學柳下惠者。石谷精研八法，每見其檕古帖，亦專主神肖，正與叶契。宜其不惜重購，寶愛之如髻珠也。

題董宗伯尺牘

文敏公文章翰墨妙天下，書法包舉晋、唐、宋諸賢，而神韻特超，故爲一代臨池之冠。尺牘雖璅言剩語，必饒風致，洵是安石碎金。好事者得其隻字，不啻吉光片羽，況多至十餘通、積累成帙者乎！舜工兄廣蒐海内名公手札，彙集裝潢，不下數十册。又得此册壓卷，群玉圃中寶光更當坌溢。且使後世學者，於殘煤斷楮中，想見往喆流風遺韻，摩挲披繹，有遐思焉，不徒爲藝苑勝事已也。

題徐耦生臨争坐位帖後

石谷每過舍，必言其里中有徐君耦生，工詩畫圖刻，尤精於書法，凡真草隸篆、晋唐宋諸家名蹟無不濡毫满志，摹寫亂真。余聞之駭歎，謂虞山畫有石谷，書有耦生，皆能以己手腕追古人神骨，雖山川孕秀，文章翰墨，咸萃一隅，抑何神奇至此！近石谷有金陵之行，過余言别，復攜其所摹《争坐帖》見眎，益爲驚叫。蓋此帖僅用起草，縱筆揮灑，如不經意，而矩度具備，姿態横生，顔書中尤不易學。乃能形神克肖，不爽毫髮。推此以及他蹟，湧現筆端，皆非難事。自非具千手眼者不能。《墨莊漫録》云，學書須得趣，它好俱忘，乃入妙。別爲一好縈之，便不能工。今觀牧翁宗伯題其詩後云「耦生終身困頓，居老屋之下，破窗風雨，補布蔬食」，則知有甘處窮約，志意專一，屏他好以鑽研書學者有年，故宜其臻妙乃爾。《莊子》云：「用志不紛，乃凝於神。」洵不虛矣。

書華孝子祠記引首後

孝子行蹟詳載祠記中，誠足表儀百禩，振耀千古。今守固年翁復倩名手繕寫補圖，裝成一卷，詔之世世，蓋欲樹爲子鵠，益見繼述深思。但惡筆塗鴉，漫污卷首，深慚不稱耳。

跋周孝逸結鄰集序

讀書懷獨行之士，姓名湮没不傳，真所浩歎。《結鄰》一集，可以附青雲而不朽，惟櫟園先生意在表微，惟逸園能表先生表微之意。作文不貴以辭勝，貴以意勝，此序可謂意勝矣。

跋錢中丞浩翁尺牘

中丞老年伯盛德大業，功在國家，澤流桑梓，至今人能道之。惟於字畫頗自矜慎，染翰絶少，故不以書名天下。乃今見此尺牘，本於《聖教序》，而沖夷之度、挺特之氣，隱隱見於筆墨間，使觀之者知其爲人，不獨以書法稱妙，且益見前輩風流藴藉，不自有其能者。若以方來蒐輯襲藏，以章祖德，其不匱之思，亦近世所僅有也。余幸獲觀，因題數語，以志景仰。

題晦山和尚真行小册

智永禪師，王右軍七世孫，妙得家法，隋唐間爲書學宗匠。有真草《千字文》百本，散在人間。至今尚有初搨流傳，字畫精研，下真蹟一等者，果與尋常迥别。晦山師書法，於晉唐諸家盡得其精蘊，《千文》一册尤可量銖稱，毫芒寡忒，數百年機感，如印印泥，豈僅稱其苗裔耶？然永公當日祇以書名，未聞以道法照爍天下。今吾師洞澈濟髓，鑪鞴宏施，大雲所覆，慈雨覃敷，筆墨特其餘事。然觀其臨摹《蘭亭》《哀册》，於逼肖之中具超拔之致。而江楚游覽諸行草，縱横變化，矯若游龍，不獨詩詞清雋高邁，當命島、可爲詩奴也。總由靈心妙腕，皆從般若中流出，較之凡俗，相去何啻萬里。且於登九有殉知之合，其抛撒逗漏固宜。昔有法師書《多寶經》，筆端舍利如雨。此册出古宿手，想亦當然。宜同法寶，晨夕以香花供養，勿作翰墨觀可耳。

春雨堂匾跋

雪翁老父臺莅郿以來，邑之黎獻日沐浴春風膏雨中，已不啻淪肌浹髓。乃猶以春雨名堂者，竊窺公志，直欲使環海蒼生咸登春臺，普沾濊澤，不獨以滲漉一方爲愉快。他日作霖巨手，即此便見一斑矣。辱委題額，愧拙腕無能爲役。仰推我公惠愛深仁，綴一言於署書之後，聊代黍苗詠歌云耳。

題石刻金剛經後

每見佛口讚歎書寫、讀誦大乘經典，其功德如妙高山，縱横上下，難以數量。況《金剛》尤般若秘要，了空色相，洞明覺地者乎？此石本，字畫遒美，刻復精好，更爲法寶中希有。氿池朝夕虔誦，研繹妙義，隨誦隨空，不見有跡，與此般若非同非别兩忘，光明熾然，功德總不足論矣。

跋晦山和尚尺牘

晦山和尚與臣扆初同研席，既深道契，有水乳之合。平生往來書牘，爛然盈笥，長箋寸楮，積累成帙。而行草變化，諸體具備，得永、素筆墨之神，誠書家之極致、物外之奇觀也。余嘗讀歐陽公題大令雜帖云，魏晋間遺牘，率皆敘睽離、通訊問、施於家人朋友之間者。初非用意，而逸筆餘興，淋漓揮灑，百態横生，故令後世得之者驟見驚絶，以爲珍玩，而想見其人。况今晦公洞澈真空，片語隻字，不違實相，其中指迷策進之語，一點畫間可令人染神剋骨，廣沾饒益。較之寒暄蹇淺、惟字跡可愛玩者，不亦什百千萬耶？則此二册，非徒墨妙，世世奉爲金繩寶筏可也。

題倪雲林手書詩藁長卷

雲林詩詞書畫超逸簡貴，不似食煙火人筆。江南士大夫家以有無爲清俗，其崇尚也久矣。此册雜鈔各體百餘首，初無首尾，行款整密，字畫精楷，儼然晋唐風格。但旁多改竄，疑是手書詩藁。然何以莊重若此？余昔年購得小景一幀，乃其未改名前所作，畫端題詠兩行，書法全仿率更，猶拘拘繩墨，未若晚年流便。正與今册字相類，因知真蹟無疑。且見古人纖細必謹，可爲後法，彌用感歎。惟是所録諸詩，留連光景、夷猶泉石者居多，而微辭隱語，憂時憫世，一種抑塞磊落之氣，時磅礴於筆墨之間，益以見高人志士，其肥遯砥俗之意，無時蹔忘。所謂「詩卷長留天地間」者，固自有在，不獨詞翰足珍而已。亦仙年翁不惜重購，裝潢什襲，亦以氣韻之同，曠世相感，非徒總其清芬。而余以垂盡殘年，復得寓目，誠没齒之幸也。特爲援筆，以識其後。雲林初名珽，後又改名瓚。

跋顧伊人湄所藏牧翁雜簡

牧翁宗伯文章之妙，超軼古今，振耀寰宇，已不待言。其爲簡牘，長篇則布濩浩瀚，莫測涯涘，即小言亦停泓演迤，霑丐不窮，故凡從游者以得隻字爲至寶。伊人於及門中講藝論詩，尤有水乳之合，平生往來尺牘，所得獨多。彙輯裝褫成卷，雖短牋剩語，而風流激賞，辭約意盡，已不啻連篇累幅。此固字字出神龍頷下，實伊人髻中珠也。余亦積有數十通，篋藏歲久，半委之蛛絲蠹腹，屢欲檢出付標，奈耄荒，舉念輒忘。兹辱見眎，深幸起予，因於尾卷漫綴數行，聊志同心之喜。若名蹟珍重，輕以塵垢點污朵雲，則吾豈敢。

跋董宗伯書卷

董文敏公高文妙翰，驚耀古今，平日家庭間璅言剩筆，點滴盡是珠璣。令似季苑結集襲藏，蓋有年矣。其爲金石之藏、睢涣之觀，與晋唐諸賢并垂不朽，洵乎天壤所生，誠有自然之妙。顧不知何因散佚，王假沈丈以重購得之。寶章他屬，未免有識興歎。然楚弓楚得，舉世共珍，豈復以在人在我爲軒輊耶？丙辰長夏獲觀，漫言於後。

跋文壽承隸書古詩十九首

八分自漢魏以降，流入於唐，姿態雖濃，骨力漸弱。至明文氏父子，始力追古法。其體格悉師《受禪碑》，而韻致過之。此文博士書《古詩十九首》，爲嘉禾沈受蕃孝廉所藏，遒逸勁健，縱横盡勢，真有鸞鶩鷹峙之奇，尤生平合作也。余與孝廉投契有年，自滄桑改易，各以衰遲，有連蹇之隔。己亥暮春，匆匆邂逅於西子湖上，握手笑言，恍若夢寐。既出此卷見眎，精光陸離，不覺昏眸頓豁，何幸殘年病目，復獲此鉅麗之觀！而卷末有故友景倩數行，墨痕尚新，神采奕奕，展玩迴環，更不勝山陽聞笛之感。

題自畫秣陵秋色圖

往於京口張修羽太學家，見子久《秋山圖》，細玩之，真銘心絶品也。癸酉九月，大隺表兄謁選，得南都司馬郎，將行，以此絹屬畫，遂用子久筆意得《秣陵秋色圖》。畫成，頗自喜，以爲去古人不遠。大隺至南都，以此圖張之壁間，退食之暇拄頰看西山雲氣，此圖能得其彷彿否？請并質之僧彌社兄，爲索一語評之。

題雲山卷贈侯六真大司農

韓純全〔三〕論畫曰，通山川之氣，以雲爲總，所狀閒逸舒暢、靉靆滅没之致，正不可以筆墨蹊徑求之。古今得此關捩者，惟海嶽翁父子耳。然米老有云：「李成師荆浩，未見一筆相似。」乃知取青媲白者，真兒童之論也。數年前偶學米畫林泉，彷彿頗師其意，不沾沾形似。藏笥中且久。適來長安，大司農六真侯公問及繪事，即以奉鑒。公指甲間有龍蠕蠕，膚寸之興，頃刻可霖天下。余乃以淺洲小渚，作供几席，豈非米老所謂「慚惶煞人」者耶？併書以志愧。

題董北苑卷

自勝國諸大家畫遍行江南，汴宋名蹟益隱没不復可購。亦猶南宗盛後，卧輪一偈，獨迴向威音座下耳。何幸復見北苑此幅，且賞鑑收藏兩鉅公，皆具金剛王眼者，謹合掌贊歎希有而已。

跋自作幔亭秋色圖

丙寅秋杪，曾以使事入閩，長揖幔亭君，因戲繪其《接笋峰圖》以歸，爲思翁年伯所許可，而心實愧之。後來游武夷者，至大曲輒止，若就中仙靈巧立荒門譎户，以隔斷凡趾者。假令荷衣霞飯之士，剥笋見尖，其間奇詭當不勝收拾，僅乃作恒似之形耶？今直指慎翁。林公生長重丹疊碧中，又深精畫理，顧徵圖於拙劣，蓋猶過信宗伯緒言，謂羊公隺果善舞也。不知見公墨瀋時，小巫氣已索盡矣。昔晁補之嘗作畫寄人，題其顔曰「自嫌麥隴無佳思，戲作南齋百里山」。陳無己獨愛其蹟，謂爲「偃屈蓋代氣，萬里入咫尺」。今請以陳所稱者歸公，而以晁所題者自處，尚恐仙山繡蜕，未肯破顔見許耳。

跋擬子久秋山圖

往在京口張修羽家，見大癡設色《秋山圖》，賞玩彌日，徘徊不能去。自此往來於懷，每過其地，必訪主人索觀。而修羽堅爲竹中之避，不可復觀。辛未三月，以赴補北行，舟中無事，喜弄筆墨，偶攜得佳絹，乘興戲擬其意，凡三日而成。用筆稚弱，綿觀輒復自愧，遂置之篋中，不復展視。乙亥，再入長安，適叔度年翁往年數徵拙畫，大方玄鑑，所願就正，而緇塵碌碌，苦無興會，久未有以應之。偶檢行篋，此畫尚在，遂爲補苴數筆，奉供几席。聊以酬宿諾耳，不計工拙也。

爲葉雁湖作武夷山圖

丙寅秋杪，以使事入閩，曾游武夷，至三曲而止。今爲雁湖世翁作此，追憶十年前所見，不可復得，以意想像，信筆成圖。自愧傖父俗筆，妄繪仙山，必不免幔亭君嗔怪。惟望雁翁輶軒經過，亟吐珠璣，爲我解嘲耳。

題自畫卷贈楊曰補

曰補社兄畫格畫學高妙淵深，獨步海内。戊寅初秋，過婁，以佳紙徵拙畫，并出諸名筆見示。余戲弄筆墨，自顧軟甜疥癩，何足供大方法鑑！布鼓雷門，益增愧縮，而珠玉在前，更不勝形穢之懼。勉學一峰筆意，作小圖呈教。實以就正工倕之念，迫不容緩，非謂傖父面目，果堪把臂爲竹林游也。

題玄照仿梅花道人山水

畫道至今日，正極盛極衰之時，遍觀天下，不敢妄爲許可。蓋由盤礴家競習時趨，謬種流傳，妄謂自開堂户，遂與古人日遠。獨玄照郡伯靈心妙手，力追古法於荆、關、董、巨、勝國諸名家，無不醖釀胸中，馳驅腕下，而氣韻位置，往往有出藍之能。其爲近代一人，斷斷無疑。此圖雖仿吴仲圭，實得巨然三昧，尤爲合作。三復展玩，不忍釋手。雖目前贋作紛紛，而明珠魚目真僞迥殊，不待波斯胡始能鑑别耳。

題自畫贈吴約叟封翁

約翁以此素屬畫，適余病冗侵尋，未有興會，留笥中者年餘。今歲清秋，始爲點染。因筆硯久荒，古人規模氣韻與腕了不相接。偶憶勝國名家，如承旨、一峰，同師北苑，雖徑轍各别，仍是一家眷屬，遂以意作此圖。樹石全仿大癡，而山頭則以趙吴興《鵲華余媿。

卷》法爲之。零星採拾，未知果能釵釧瓶盤鎔成一器否也。請以質之約翁具眼，并志

跋自畫册貽聖符辛巳臈月八日，書於維亭舟中。

聖符髫年即喜弄筆墨，其時尚未識古人門庭，而時作山水小幀，輒已暗合古法。及長，益喜博覽舊跡。然家鮮收藏，每過余索觀，於宋元諸名家筆墨三昧不言喻處，一經寓目，便能默會。每從經畬文圃之餘，閒作卷册及長牋巨幅，規模董、巨以至勝國四大家，無不咄咄逼真。夙慧知津，匠心合轍，非所謂前身畫師者耶？昔王叔明爲趙文敏甥，學有淵源，一時盤礴并爲千古絶藝。今聖符畫道已獨步海内，不讓叔明，獨余資質劣弱，又以老懶無成，深慚文敏。此册爲聖符所屬，留篋中者年餘。頃偶爲吴門之行，船窗晴暖，適有興會，遂舐筆彷彿諸家體，一日盡畫此十幀。學步固未能，況復疾行無善跡乎？因題而歸之，并以志愧。

題贈鞏都尉畫

太師洪圖鞏公，以帝甥之貴而研精文史，貫穿該洽，旁及繪事，以神品兼逸品，乃今

閣者經年，即偶一爲之，而自顧軟甜狝癩，去古人日遠，輒復棄去。冥行失步，亟欲得明眼人指迷。漫繪此幅呈政，不知洪翁何以教我？

之王晉卿也。余昔在都門，曾躬聆麈誨，稍識門庭。歸來愁病侵尋，頹然自廢，筆研庋

贈聖符畫

聖符以此絹屬畫，篋藏者經年，出入必以自隨，欲下筆而輒止者數四。蓋見其近作氣韻冲融，已入化境，令人不覺氣奪，非但因老懶也。此圖勉爾塗抹，聊以應存諾。曾未夢見大癡脚汗氣，何論形神！米老所云「慚惶煞人」，正謂此耳。

題自畫贈關使君袁環中甲申王正六日

環翁使君既工盤礴，又富收藏，李營邱爲士大夫之宗，米南宫乃精鑑之祖，故使荆、關、董、巨真名蹟歸其家。乃猶勤向鄙蒙索其點染，荏苒一年，未有以應。蓋時見公墨瀋，不覺小巫氣索，欲下筆而輒止者數四。兹於其軺車戒裝，聊仿一峰老人筆意，作小幅丐郢。昔人所謂恒似似人之語，轉覺學步之難爲工也。特書以志吾愧。

關門紫氣幻雲煙，大石寒山列兩邊。割取一峰深秀色，可堪移入米家船。

題山中宰相圖爲顧筍翁年伯壽甲申中秋

筍翁老年伯身受長生之籙，家烹靈壽之丹，千古通明，是其榜樣。惟是鳳雛麟步，遠勝前人，若論冥會明心，更有先覺。兹逢大耋，爲繪《仙山圖》，聊明真誥之前身，如發石函之後記云爾。詩另録。

跋大癡風林泊舟圖

大癡老人畫，以峰巒渾厚、草木華滋爲藝林所宗。此圖畫風林泊舟，荒率點染，悉具怒號澎湃之勢；而破墨用筆，於本家筆中參以荆、關遺法，尤爲可寶。昔人評右丞，謂「雲峰石迹，迥出天機。筆思縱横，參乎造化」者，斯圖真足嗣響矣。

跋自畫爲蒼雪法師壽丁亥初春

結茆山頂已多年，註就逍遥内外篇。獅子座邊無剩義，檀林下息諸緣。贈來神駿閒荒草，放去胎禽上碧天。恰似南巖正月六，出群消息阿誰傳。石門老人作《南巖主定光生辰詩》曰：「堪笑年年正月六，出群消息少人知。」今中峰蒼大師以首春三日，法臘一周，即用題《松亭雲岫圖》爲猊座無量祝，并以資一時嗢噱。

題玄照仿北苑瀟湘圖丁亥仲夏

北苑《瀟湘圖》，余昔從宗伯借觀，留齋頭者年餘。丙寅，以北行歸之。二十餘年時落夢寐，以爲求其形似如中郎虎賁者已不可得。今得玄照背臨長卷，規模位置頓還舊觀，而煙雲滅没，筆墨奔放，殆又過之。余於畫道老而無成，久已棄去不學。邇年田居多暇，時復弄筆，以消永日。今見此卷弛氣墨，遂欲焚君苗研矣。特書以志吾愧。

跋錢罄室畫卷

元時以房山、鷗波并稱，趙文敏於高尚書畫數有題詠，倪元鎮亦以黄子久不及房山，爲其脱畫家習氣，真稱逸品。叔寶先生此卷，設色布景，咄咄逼真，而煙巒雲樹縹緲滅没之致，尤得其神髓，自非與古人血戰者不能辦，豈近時掇膚淺學所能夢見耶？

題黄甥臨宋人花鳥册丁亥小春

余家藏有宋人花鳥一册，乃弇州公故物，黄甥借觀累月，擇其中之致佳者臨摹寄眎。用筆設色，一一亂真，但縑素少新耳。當此畫道日趨衰謬之時，猶得見古人風格，而得正法眼、具斲輪手者，乃出自閨秀中，尤爲奇絶。展玩迴環，惟有讚歎。

自題畫册戊子季秋

此册爲兒子撰裝以乞畫，留笥中，出入必以自隨，村居閒暇，間或弄筆，意倦輒止，故半歲僅得七幅。九月看楓林於吾谷，歸舟無事，且值風日晴美，明窗潑墨，乘興染完。於宋元諸家但師其意，不拘拘以形模爲工。東坡詩云「論畫以形似，見與兒童隣」，學古人者正當於此語細參耳。撰兒性最嗜畫，資亦相近，見其所作山水亦秀潤有致，但經生本分内事，所當留心者甚多，筆墨小技，不願其如此癖嗜也。題而授之，併以爲誡。

自題仿大癡畫

近世畫山水者，惟作磊砢之石、瘦直之樹，用筆簡率輒曰模仿大癡，而於皴法氣韻不復措意。蓋眼中希見真本，謬習相傳，遂謂能事。是以學者愈多，去之愈遠。不知大癡畫法全從董、巨中來，張伯雨評爲「峰巒渾厚，草木華滋」，即此二語，非夙具靈根、深研妙理者不能企及，夫豈易易！余於大癡畫素有癖嗜，生平所見卷軸二十餘本。往從董文敏公所購得幾幅，雖非極致，要皆真蹟。顧壯歲馳逐風塵，未得與之血戰。今則衰病幽憂，不能復學。雖其風神韻格略會一二，而精隨年去，筆與意違，徒有浩歎而已。

戊子長至日，晴窗明暖，偶作此圖，因及之以志慨。

題玄照畫册後

邇年吳中畫道衰絶，以精鑒兼深詣，一洗纖靡斜繆之習，文、沈而後直接古人一派者，舍玄照焉歸？此册仿宋元諸名家，有出藍之能，而筆墨變化，各極其致，真畫家正法眼藏也。欲知津者，即於此求寶筏可耳。

題姜睿玉畫

珂公畫法高妙，爲今之巨然。睿玉乃其高足弟子，筆墨娟秀，往往出藍。此圖兼一峰、黄鶴之長，尤稱合作。畫成見眎，余爲張之壁間，坐卧其下者累月，而老懶筆研久荒，未能模仿萬一，惟有讚歎而已。

題玄照畫

玄照畫道獨步海内，贋作紛紛，不無魚目混珠之歎。昔人題名蹟，謂如岳陽樓親見洞賓，覺世間畫本都不類。余於此圖亦云然。

題玄照仿梅花道人畫

梅道人畫全得巨然三昧，惟筆端荒率蒼莽，少變宋法。玄照郡伯生平於巨然有深詣，所作卷軸往往亂真。而又間仿仲圭筆墨，渾融縝秀，全從北宋陶鑄而來。且酣縱淋漓，不拘拘於繩束，巨然耶，仲圭耶？遂與之俱化。此真曠代絶藝，文、沈所不能也。惜老病幽憂，不復能學，正如大乘菩薩現身百佛世界，八相成道，小果人天，視之惟有頂禮讚歎而已。

題玄照仿董北苑畫

北苑畫縱横變化，余平生所見數幅無一相同，而於雲氣點染尤極工妙。米家父子皆從此出。玄照骨帶煙霞，筆能扛鼎，凡宋元諸名家無不供其採擷，而北苑更所專詣。此圖樹石蒼秀，煙雲變滅，尤稱傑作。且人物屋宇，一一精絶，亦近代所罕見。文、沈以後一人，斷無疑矣。歎服歎服。

題自作夏山圖

營邱北苑無真虎，十岳煙雲萃一峰。不是夏山偏入畫，愛他霖雨霎時濃。

質翁老先生家藏名畫多宋元人真蹟，南北鑑賞家皆取則焉。忽來索拙畫，羞縮久之，乃摹子久《夏山圖》一幅請教，殆亦宋人賫燕石而投之周之玉府也。

題自畫贈張按臺

此圖作於己丑之春。自嫌劣弱，置敝篋者經年，已不復記憶。庚寅夏，趨翁祖臺驄馭按吴，未及兩月，奉召還朝。首途之日，吴民呼號攀挽，願以身塞車轅者數千人。某亦隨諸父老後，扶曳道左，臨期拜別。乃蒙下索拙畫，會其行旌匆遽，不及舐筆。偶簡篋中，此畫尚在，遂以呈。政如晁補之所云「麥隴無佳思，豈堪供几席」。仰挹清風，聊當酌水奉餞而已。謹題歲月，以志瞻戀。

題吴志衍畫梅村弟，早卒。

志衍靈心秀骨，得自天授，其於繪事，文翰之餘偶一游戲，未嘗專攻，磨以歲月，遂能下筆如此高妙。使在今日，更不知如何精詣。神契莫追，風流頓盡，披覽遺圖，不勝山陽聞笛之感。

題玄照畫

余長於玄照二十年，宦游里居，蹤迹畧同，亦有筆墨之嗜。乃余以資劣〔四〕腕弱，迄老無成。而玄照宿植靈根，一蹴直造古人之域。余年來焚棄筆硯，雖因衰病目眵，亦由見其近作奇妙入神，爲之氣奪，不敢復道盤礴事。非但如尹夫人望見邢夫人，俛首下拜已也。此圖位置專仿吴仲圭，而筆法氣韻似本巨然。展玩不能釋手，惟有讚歎。

又

元翁方伯文章、政術振耀古今，而退食之餘，時復寄情筆墨，玄賞精鑒，爲一時風雅之宗。玄照此圖，乃純祐數千里外貽書轉乞相贈者，出入董、巨，神逸而兼以精能，尤稱生平傑作，所謂「獅子捉象，必全其力」，孫虔禮敘書五合，殉知居其一，良不虛也。

題自畫册歸吴聖符

余於畫道雖有癖嗜，未游其藩。比年愁累紛遝，益與筆墨諸緣落落。聖符以巨册索畫，因無興會，且苦難竟，庋閣者年餘。新正偶見玄照郡伯一册，備宋元諸家體，精成而兼神逸，反覆展玩，悦目賞心，不覺棖觸技癢。適遇風日融和，明窗和墨，率意盤礴，遂得十二幅。於董、巨、三趙、元四大家無所不仿，亦猶見獵生喜、聞樂起舞之意。聊以强名，非謂果得其形模也。然畫雖小技，亦必所見者廣，日以古法浸灌心胸，而又專精熟習，乃臻工妙。如董文敏公，骨帶煙霞，學深淵海，近代罕二。憶余曩時每侍燕閒，見其揮翰之餘，評論書畫，遇几上有斷束殘箋，輒弄筆墨，作樹石，紛披滿紙，心手躭習，至老不衰，宜其筆墨韻致妙絶今古如此。若余資本鈍劣，又經年不一執筆，頹墮自廢，詎能有成？今且衰病日增，專攻無及，歲月蹉跎，徒有惋歎。聖符正當盛年，又深畫學，願益淬厲制舉子業，整翮天衢，然後研精肆力，直追古人之室，一振時習之衰，爲文敏傳衣鉢，差不負老人期許。如此册軟甜疥癩，不足爲法，即當屏置勿觀，勿使惡習薰染，貽桓祖恭似舅之譏也。

題自畫

余作此圖垂三十年，軟甜稚弱，何異小兒塗牆。當日董、陳兩公題辭皆以一峰筆法見許，過情特甚，豈昌黎所謂「誘之而欲其至於是」耶？乃玉臯儀部復以兩公之言收之，尤不啻糿蘭及艾矣。癸巳重觀，不勝顔汗，特書數語志愧。

跋白州侯詩畫壽册

塗吟巷誦，其來最古。至兩漢循良輩出，士民詠歌德澤者，必託之單辭隻語，非若後世習爲具文，以連篇累牘諛媚當事也。我林翁白父母，筮仕柘邑，廉勤慈愛，史不能記。解任日，童叟婦女攀轅遮留者盈道。其蒞婁也，務本經術，鋤奸剔弊，崇儒重農，未浹月風俗轉移，狐鼠屏跡。較之千古，雖所稱卓魯，更何加歟。江夏黄攝六，於白侯有緇衣之雅，彙徵吴中名彦作詩歌一帙，以紀其事。其詞章縟麗，幾與丹青并耀。多出宗正鉅公、高人韻士之手。而好之公、輿祝之誠，聞聲屬和，仍塗吟巷誦意也。攝六令蜀五載，政績烺烺，雖錦江玉壘已作秦灰幻劫，而簡其宦橐，惟留詩章數卷，尚存不朽，實與侯爲同調。此册墨妙筆精，裝潢工雅，侯其什襲之以示子孫乎？昔楊瑒在官清白，吏請立石紀德，瑒曰：「事益於人，書名史氏足矣，若碑頌者，徒遺後人作矴石耳。」册中扇揚實政，無一溢辭，豈若楊公所誚？它日輶軒之使，採風謠以上史館，編入《循吏傳》中，徽猷盛烈，煜霅千古，則此册實始基之也，余故喜而書其後。

題自畫寄贈王敬哉學士

余病目經年，筆硯久廢。敬翁學士曩歲邸舍比隣，嘗觀余盤礴，有昌歜之嗜，郵書見徵。適晴日映檐，漫效大癡筆作設色小幛，奉寄請政。兩眼昏眵，點染如隔雲霧，不知疥癩幾許。昔宋李伯時繪事精能，爲士流中絶藝。同時蘇、米兩公交口贊歎，遂益長其聲價。晚年右手病痺，不能運筆，故其畫流傳甚少。余畫豈敢望伯時，而學士精鑒，實堪方駕兩公，蒼蠅附驥，幸續藝林佳話，慚愧慚愧。

題王舜田小像乙未九月朔日

曩舜田先生與余投契最密，數來婁上，兒曹幼時咸賴國手保護。且其通懷汪度，德矩徽範，足以善世淑人，迺今之叔度、太邱，非直歧伯、俞跗已也。自仙游垂二十年，時時往來夢寐，每憶其掀髯抵掌之態，宛在目前。頃令嗣舜符過婁，出小影見眎，展卷道貌儼然，恍若重接謦咳，不覺爲欷噓感歎。嗟乎，時代推遷，物情鍥薄，如先生之仁心古隣、導迎善氣者，畢世安得再觀？而徒低徊於尺幅粉墨之間，亦可悲已。特書之以志追慕。

題自畫贈何省齋宮允

子久畫全師董、巨，用筆以蒼潤秀逸，布景以幽深渾厚爲主。凡樹枝轉折，石面向背，山形分合，扶疏紆迴，各盡其態。而遠近濃淡，一以皴法運之，故傑構淵思，與筆墨氣韻相映發於尺幅片楮間，有斐亹不窮之致。余生平所見大小卷軸不下數十幅，無一相同。蓋其靈機獨詣，縱横變化，無轍迹可尋。學者能從此處深參冥悟，斯得其真。決非規規形似，所能幾及萬一。乃近世彷彿紛紜，大都作直樹枯枿，平沙亂石，草草數筆，有輪廓而無皴染，遂自謂盡子久之能事。是猶窺豹一斑，何曾夢見全毛也？余於子久畫自少有癖嗜，亦能粗解其意趣，顧以資質鈍劣，口所能言，筆不能隨，每用愧歎。近且衰遲病目，頹然面壁，筆硯諸緣屏謝輒復經歲。昨秋揆兒從都門歸，述省翁宫允惓惓詢及拙畫，盤礴小拔，謬辱大方徵索，何敢以老病辭。春暖晴窗，漫作短册十幅，寄呈博粲。甜俗固其本色，又以兩目昏眊，倍增疥癩，曾未得子久脚汗氣，何論形似耶！書以志愧。

題玄照臨石田長幅

此圖舊藏練川給諫玉海李公家，董宗伯數數向余稱爲白石翁生平傑作，余遂從次君仲購得之，珍襲已三十年。丙申初夏，枚菴大諫借觀，屬湘碧郡伯臨摹副本，筆光墨采，咄咄逼真，百餘年後復覩石翁化身示現，亦一奇也。展玩不覺叫絶。

跋文太史許溪草堂圖

文太史遺蹟，流傳人間者，片紙珍逾拱璧。此卷圖畫詞翰真稱三絶，而諸名賢題詠，又纍纍光溢縹緗，所謂玄圃群玉，無非夜光，誠希世之寶也。慨自兵燹塵飛，圖書散佚，獨此卷完好無恙，似有靈物護持。培風上人其善襲藏之，非但妙迹永傳，將使吴中後學瞻先輩風流，益起高山景行之慕。

題玄照仿大癡長幅

子久畫師董、巨，布景用筆專以幽深媚秀取勝。凡樹枝轉折，石面向背，山形分合，扶疏紆迴，各極其態。而皴法濃淡疏密，隨宜濡染，變化不窮，有不可言喻之妙，故於元四大家中韻致獨絶。近世仿效紛紛，大都作直樹枯枿、頑石平沙，粗率寂寥，有輪廓而無皴染。自謂妙得真傳，帶累子久不少。玄照郡伯向於董、巨有精詣，長卷巨幅往往亂真。近復規摹子久，得其神髓，不徒以形似爲能，淵源有自，波瀾老成，宜其邱壑位置、筆墨氣韻於子久有過無不及也。此圖峰巒渾厚，草木華滋，直是子久於三百年後現身説法，不當作模擬觀。展玩之餘，歎服無已。

題玄照仿黄子久

元四大家風格各殊，其源流要皆出於董、巨。玄照於董、巨有專嗜，所作往往亂真。此圖復仿子久，而用筆皴法仍師北苑，有董、巨之功力，又有子久之逸韻，瓶盤釵釧鎔成一器，即使子久復生，神妙亦不過如此，真古今絶藝也。余老鈍無成，時亦仿子久，而粗率疥癩，相去愈遠。今見此傑作，珠玉在前，益慚形穢，遂欲焚棄筆硯矣。歎絶歎絶。

題陳明卿廉雪卷

右丞《江山雪霽圖》，爲馮開之大司成所藏，後歸新安程季白。余甲子京邸與程鄰舍，幸得借觀。其運筆用思所謂迥出天機，參乎造化，非後人所能企及。徽宗《雪江歸棹圖》，正師其法。後又從興化李祖修行篋見《江干雪意》長卷，筆意亦畧相同，雖未辨真爲右丞筆，要皆希世之寶。頃文邃開士，以故友陳明卿所畫雪圖見眎，雖蒼勁微遜古人，而渲染布置可與前二卷頡頏，不知當時何以竟失題款。明卿畫娟秀沖夷，固從胎骨中帶來。初以趙文度爲宗，既從余家縱觀宋元真蹟，多有悟入，所詣益深。爲余摹諸名圖，以尋丈巨軸縮爲方册，能使筆墨酷肖，毫髮不遺，真畫史之絶技。且其素心道氣，超然流俗，尤近世所罕覯。惜乎艾年溘逝，未獲標赤幟於吴中，爲後輩指南也。余幽憂窮老，顧影無儔，每憶曩日交情，輒爲隕涕。今覩此圖，不勝山陽聞笛之感。

題玄照爲朱汝圭畫册

馬文璧每規橅子久，此圖雖曰仿之，用筆仍北宋法，幾欲軼兩家而上之矣。

王孟端畫雖工，尚有筆墨畦徑。此圖以瀟灑娟秀勝之，所謂師法捨短也。玄照於巨然有專嗜，短箋小景，往往亂真。此圖尤爲合作。玄照學梅道人，每多奪真。此圖以娟潤去其粗率，正是魯男子學展季。

子久畫，林壑深邃，溪路逶迤，令觀者有不窮之妙，故難企及。惟玄照深得其法。昔人謂觀李龍眠《山莊圖》，信足而行，自得道路，此圖是矣。

余家藏有大癡《夏山圖》大幅，設色布景正是如此。斯圖大不盈尺，乃能曲盡其致，尤爲難事。

此幀雖師仲圭，而筆墨蒼潤，景物幽閒，全得巨然三昧，非見過其師者不能也。巨然真蹟，世不多見。斯圖澹蕩高簡，非超絕塵表者不能，觀此知傳衣有自矣。

山樵畫全師北苑，而以蒼莽沉鬱一變其格。此圖筆墨既以酷肖，設色更復奇古，當令叔明數百年後復開生面。

雲林畫蕭疏簡貴，不似食煙火人筆。學者僅能仿其形似，罕得其神。此圖形神俱肖，與真跡幾不復辨。雖其天骨自合，亦由功深至此。故北宋、元季諸大家盡驅之筆端，無不臻妙。此册所圖雖殘山剩水，更皆吉光片羽也，藏者其寶諸。

題玄照畫册

廉州刻意摹古，所作卷軸，一樹一石，必與宋元諸名家血戰。力厚功深，久而與之俱化。不但筆墨位置咄咄逼真，而取神去犅，秀逸高華，駸駸殆將過之。蓋古法形摹可以臨仿，惟筆端靈秀之氣，必自胎骨中帶來，未可學習，故有神品之分。古人論畫，以取物無疑爲一合，非神逸品兼備不能。此册衆美畢臻，真可不愧斯語。畫道至今日衰謬已極，得此正法眼藏爲津梁，迷方者庶幾知所歸嚮矣。展觀快絶。

題自畫册

吾年來爲賦役所困，塵坌滿眼，愁鬱填胸，於筆研諸緣久復落落。此册爲兒子掞乞畫，日置案頭，每當煩懣交併，無可奈何，輒一弄筆以自遣，而境違神滯，心手相乖，如古井無瀾、老蠶抽繭，了無佳思，以發奇趣。每幀雖借古人之名，漫爲題仿，實未能少窺其藩，下筆不勝顔汗。然坡公論畫不取形似，則臨摹古蹟尺尺寸寸而求其肖者，要非得畫之真。吾畫固不足以語此，而略曉其大意，因以知不獨畫藝，文章之道亦然，山谷詩云「文章最忌隨人後，自成一家始逼真」，正當與坡公語并參也。掞其勉旃。

自題設色長卷

余昨冬作此圖，時正值殘臈凝沍，適有興會，窮兩日之力，未嘗輟〔五〕筆。老眼昏眵，倚窗向明，爲寒氣所薄，落墨甫竟，頭岑岑然不勝委頓，經旬葯裹，逾歲始平。又以愁冗紛糾，庋閣累日。長夏偃息林莽，塵務少間，遂爲揮汗設色。既成，諦觀殊不愜意。

蓋畫雖小技，必託寄高遠，意思悦適，然後萬彙羅於胸中，攄之筆下。如《莊子》所稱畫史解衣盤礴，晉顧虎頭構層樓以爲畫，乃真得達士之致，暢玄對之神。今余老病窮悴，方蹙蹙愁城苦海中，志意抑鬱，觸物凝滯，而欲希蹤古人，其可得耶？特書之以志愧。

題陳明卿仿黄子久卷

明卿爲趙文度高足弟子。初至婁時，尚守其師法。既爲余臨宋元諸名蹟，縮成小本，因此大有悟入，畫格遂爲一變。此卷仿大癡《富春山圖》，筆墨氣韻，妙得子久神髓，允稱智過於師。但未知爲何人作，竟失題款。然歷兵燹之餘，不落傖父手，而爲君宣所藏，猶爨桐椽竹得遇賞音，則亦此圖之幸矣。余故喜爲之題，用表奇蹟，併以志慨。

題自畫爲吴漁山

漁山文心道韻，筆墨秀絶。首秋過婁，索觀余所藏宋元諸蹟，僦寓臨摹，縮成小本，不兩旬而卒業。非但形模克肖，而簡淡超逸處，深得古人用筆之意，信是當今獨步。余於此道雖有癖嗜，奈資質鈍劣，白首無成，見之殊不勝氣索。此紙爲其臨別時强屬，不得已而漫應，市鼓雷門，深切自愧。漁山惟爲我藏拙，勿以示人，乃益佩相成之愛耳。

題王勤中寫生册

吴中寫生，自石田翁後有陸包山、陳白陽，皆得生動高簡之致。其餘即有工能者，多未脱畫家習氣，求如前人者殆鮮。獨勤中能以靈心貌諸名卉，迎風如笑，含露欲滴，一一似可手摘，而逸情遠韻，迥出筆墨畦徑之外，真堪與白石諸公輝映後先。此册於汝圭爲夙知，尤稱合作，三復展玩，前輩風流宛然再挹，深幸衰暮得此奇觀。而汝圭以逸士寶兹妙繪，雅尚叶契，傳賞藝林，亦一時勝事也。爰識紙尾，用續佳話。

又題玄照仿趙文敏巨幅

趙文敏當至元、大德之間，風流文采，冠冕一時。畫更高華閎麗，類其爲人。今廉州筆墨韻致，約畧相符，宜其臨摹克肖。此圖設色位置一一奪真，尤可寶也。

又題玄照畫册

梁蕭文奂於團扇上圖山水，咫尺之内便覺萬里爲遥。少陵詩云「尤工遠勢古莫比，咫尺應須論萬里」，蓋用此事也。今廉州此册，以尺幅仿諸名蹟，於各家風格之外，更出奇思，不但筆墨工妙，超軼前古，而布景閎偉，居然有萬里之勢，置之古人中，未必遽遜文矣，使杜陵見之，更不知如何讚歎矣。

題黄麗農畫册

畫山水之法，凡間架位置、設色布景，全資工力，非深造精詣，不能臻妙。惟筆墨秀逸，必從胎骨帶來，非關習學。縱使馳騁今古，盤礴如意，景物極其幽深，煙雲極其變幻，而俗氣未除，終不足貴。麗農世翁文章、學問得自家傳，旁及繪事，亦娟秀絶倫，有飄飄欲仙之致。而規摹唐宋諸家，蒼然古色，仍不失其風度。古人中如趙大年、馬和之者，庶幾近之。可見文人高士之筆，自與俗塵迥異，不啻高霞濁潦之相懸也。

題自畫杜陵詩意册爲吴甥旭咸

少陵詩體弘衆妙，意匠經營，高出萬層，奥博沉雄，真有掣鯨魚、探鳳髓之力，故宜標準百代，冠絶古今。余每讀七律，見其所寫景物，瓌麗高寒，歷歷在眼，恍若身游其間，輒思寄興盤礴。適旭咸以巨册屬畫，寒窗偶暇，遂拈景聯佳句點染成圖。顧以肺腸枯涸，俗癩填塞，於詩人意愜飛動之致，略未得其毫末，詩中字字有畫，而畫中筆筆無詩，漫借强題，鈍置浣花翁不少，慚愧慚愧。

題自畫長幅爲沈伯敘

子久畫原本董、巨，而能神明變化，别出奇思，不拘守其師法。每見布景用筆，於渾厚中仍饒波峭，莽蒼處轉見娟妍，纖密而氣益閎，填塞而境逾廓，意味深遠，故學者罕得其津涉。無論世俗空拘輪廓、枯槁寂寥者，相去不啻徑庭；即極力規橅、位置逼真，亦僅竊其形似，於神理無當也。余藏有真蹟幾軸，自壯盛以迄白首，日夕臨摹，曾未能彷彿毫髮。研求愈深，去之愈遠。始知靈妙出自天機，決非功力可就。況今衰遲疲頓，窮蹙幽憂，屏跡田廬，不復措意盤礴。於子久一法正如焦芽敗種，成熟無期。適伯敘道長闊别經年，寓緘索畫，勉拭塵研，爲作長幀。

題王石谷畫

畫雖一藝，古人於此冥心搜討，慘淡經營，必功參造化，思接混茫，迺能垂千秋而開後學。原其流派所自，各有淵源，如宋之李、郭皆本荆、關，元之四大家悉宗董、巨是也。近世攻畫者如林，莫不人推白眉，自誇巨手，然多追逐時好，鮮知古學。即有知而慕之者，有志仿效，無奈習氣深錮，筆不從心者多矣。間有傑出之英，靈心妙解，力追古法，亦不過專學幾家，豈能於歷代諸名蹟盡入其閫奧？且形似者神或不全，神具者形多未肖，求其筆墨逼真、形神俱似，羅古人於尺幅、萃衆美於筆下者，五百年來從未之見，惟我石谷一人而已。石谷天資靈秀，固自胎性帶來，其於畫學取神去犆，研深入微，見解與時流迴絶。又館毘陵者累年，於孔明先生所遍觀名蹟，磨礱浸灌，刓精竭思，窠臼盡脱，而後意動天機，神合自然，猶如禪者徹悟到家，一了百了，所謂「一超真入如來地」，非一知半解者所能望其塵影也。近過敝廬，爲余作雪圖長卷，兼用右丞、營邱法，其用筆布置，瑰麗高寒，各極其致，宛然天造地設，不能增減一筆。凡開闔分披、皴擦勾斫、渲染點運之法，無不得古人神髓。昔人謂昌黎文、少陵詩無一字無出處，今石谷之畫亦然。蓋其學富力深，遂與俱化，心思所至，左右逢原，不待仿摹，而古人神韻自然湊泊筆端。要皆原本資之曼羨，雖欲不傳得乎？余於畫道有癖嗜，顧以資質鈍劣，又嬰物務，不能懇習，迄以無成。生平所交畫友數輩，亦多未脱時趨，意謂風尚止此。不圖疲暮之年，得遇石谷，且親見其盤礴，如古人忽復現前，詎非大幸？然猶恨相遇之晚，不能不致歎於壯盛之緣慳也。自慚椎魯無文，妙繪神奇未能罄揄萬一，聊識古法源委，并我兩人定交因緣，以見絶藝固自有真，且以訂歲寒之盟云爾。

題惠崇畫

惠崇畫世不多見，此圖亦項氏所藏，而余以重估購得者。壬辰秋，重爲裝潢，雖縑素少損，而神采奕奕，猶是吉光片羽，洵可寶也。

題自摹浮巒暖翠圖

《浮巒暖翠圖》爲子久一生傑作，如右軍之《蘭亭序》，他書皆不逮。傳爲荆川先生家舊藏，余少時曾於吴門見之。既聞歸京口張太學修羽，時有要路，計將强取，遂託言爲祝融所奪，秘不示人，更如慶喜之於阿閦佛，一見更不再見矣。迨修羽物故，其家亦落，此圖復出。近聞有人攜至金閶，余以衰病裹足不能往觀，追溯五十年來倏忽已閲一世，而希有奇蹟交臂相失，巡迴心腑，豈能舍然？適簡篋中有縮本小藁，廣僅踰尺，略具大意，秋爽閒居，身心調暢，偶有舊存巨縑，遂賈餘勇摹之。又值掞兒幸雋，應酬紛遝，食息不遑，然稍閒輒復弄筆，皴染設色，踰月而後成。毋論是圖筆墨神韻未能仿佛毫芒，即樹石位置亦罣一漏百，直未得子久脚汗氣，奚止不免重儓之誚耶！惟余疲暮餘生，昏眸弱腕，猶能勉力畢此大幛，差用自喜。聊識歲月，傳之子孫，俾知余老尚兒嬉，不忘結習如此。

題趙文度畫

文度畫實開雲間風氣，以虛翕淡逸爲宗。文敏公與爲筆墨之友，極推重之。此圖乃其避暑吾婁僧舍時所作，全師北苑，盡脱生平畦徑，尤爲可寶。

題玄照畫扇

北苑、華原爲北宋畫道之祖，其骨力、思致傑出千古，故宋元諸名家多宗尚之。此小景用筆布景，居然具萬里之勢，自非兩家精藴盤礴胸次，吞雲夢者八九，曷克臻此。當與古人名蹟并傳，勿但作便面觀也。

校勘記

〔一〕「汜」原作「記」，據畫論文庫本改。

〔二〕「慈」原作「兹」，據畫論文庫本改。

〔三〕「全」原作「金」，據畫論文庫本改。

〔四〕「劣」原作「力」，據畫論文庫本改。按，季海云「他跋云『若余資本鈍劣』可證。李本脱上半，誤刊爲力」，是。

〔五〕「輟」原作「掇」，據畫論文庫本改。

王奉常書畫題跋卷下

題王石谷畫册

石谷畫道甲天下，鑒賞家定論久歸。然余年來每見其新作，必詫爲登峰造極，無以復加。及繼見，則又過之，未知將來所詣，果何底止。昔柳子論觀文，謂比懸衡，增之銖兩則俯，反是則仰，欲令吾俯，莫若增重其文，苟增之不已，將懼吾首至地。今余觀石谷畫亦然。

題自仿子久浮巒暖翠圖

《浮巒暖翠圖》乃子久一生合作。相傳爲荆川先生舊藏，後歸京口張太學修羽。聞有欲豪奪之者，遂詭託五丁取去，秘不示人。余弱冠時曾一見之吴門，後六十餘年如漁父桃源之迷，不復再見。太學身後皆落，此圖始出。近爲宋荔裳憲長購藏，僑寓金閶，僅距百里，余屢欲往觀，顧以衰病屏跡，扶曳未能，夢寐抱耿。適家有粉本，遂以其意作此圖。天資鈍劣，視古人神韻相去迴絶，纔一動筆則甜俗習氣輒復隨之，而位置舛錯、樹石穉弱又不必論，因知煙雲逸致，俱從胎骨中帶來，非習學所能企及。昔人所云「胸中讀萬卷書，足下行萬里路，自然脱去塵俗，濬發靈機」，洵非虚語。如余孤陋蹝蹋，兼又不能懇習，安望其脱窠臼而臻化境？手書以志媿。

題自仿子久畫

子久畫專師董、巨，必出以新意，秀潤絶倫，故爲元四大家之冠。余所見不下二十餘幀，筆法無一相類者，惟《徒壑密林》《良常山館》二小幅，脱去縱横刻畫之習，一本於平淡天真，如畫家草隸，匠心變化，無畦迹可尋，尤稱生平合作。舊爲董文敏公所藏，余昔年懇請和會，初猶靳固，後以重購得之，寶護不啻頭目。邇年困於賦調，貧不能守，遂爲好事者易去。夢寐憶念，無刻寘懷。因追兩幀梗概，參取成圖，其蒼莽處似於子久筆意微有所得，頗用自喜。適蓼翁貽書索畫，遂以奉寄。懸之邸齋，晨夕相對，遥想其疲暮盤礴、慘淡經營，當知余有故劍之思耳。

跋石谷仿趙松雪筆

畫不在形似，有筆妙而墨不妙者、墨妙而筆不妙者，能得此中三昧，方是作家。此圖爲孔明年翁作，峰巒樹石，大率規摹承旨。然趙於古法中，以高華工麗爲元畫之冠。此尤以淡逸見奇，筆墨兼妙，從董、巨伐毛洗髓得來，故於仿古皆能超逸其上，非獨承旨，此圖亦一證也。蓋與孔老投契最深，實有殉知之合，不然，何以抛撒逗漏至此。

跋玄照畫册

廉州此册大都仿宋元諸名家，而精能過之。其運筆布景，往往霞思天想，非尋常畦徑可用揣摩，尤生平神情所最存注者。米海嶽論李昇畫，謂一幀可得半載工力，此册信然。蓋學深詣到，猶海渤匯夫衆流，何一不歸布濩？然締構經營，良復不易。雖日事盤礴，欲求其窮神盡變，躊躇满志，如此數幀者，一生豈可多得。吾知世有真賞，必寶護如髻珠，即連城不與易也。

題石谷雪卷

右丞《江山雪霽圖》爲馮大司成舊藏者，後歸新安程季白。余昔年京邸，與程連牆，朝夕過從，時得展玩。迄今三十餘年，不知此圖屬之誰氏，自分此生已不復再覯矣。前歲偶過伊在齋頭，見石谷所作雪卷，寒林積素，江村寥落，一一皆如真境，宛然輞川筆法。蓋由淵才，兼得神解，於古人同鼻孔出氣，下筆自然契合，不待觀摩。昔人評右丞畫「雲峰石色，迥出天機，筆意縱横，參乎造化」，以題此卷，亦復何忝。余實愛慕不能釋諸懷，顧以日久漸忘，不無悵悵。近伊在同余爲廣陵游，攜至舟中，復得縱觀累日，追憶右丞真蹟，宛在心目，焕若神明，頓還舊觀，詎非衰年大幸？因書其後，聊以志快。若石谷、伊在，筆精墨妙，塤篪競爽，作家相遇，宜其抛撒乃爾，又不必贅論矣。

跋名人書畫便面册

彭城自中丞、封諫兩公，以暨都諫昆仲，德業文章，煜霅婁中。其所往還多一時龐臣鉅公、風雅翰墨之士，累世竿牘，爛然在笥。而扇頭書畫相贈遺者，争奇競微，光怪陸離，尤莫可指數。今臣扆年翁裒集便面之完好者，裝潢成册，藏之什襲，永爲家秘。蓋以述先德，重文誼，示子孫，以觸物觀感，毋忘祖考先澤之遺，克承前烈，其用意至深遠，非徒殘煤敝箑之足珍也。余故識之，以爲世則。

題董文敏公畫册

文敏於短牋小册，作殘山剩水，筆墨酣放，煙雲滅没，儼然具萬里勢，真得簡淡高人之致。余購藏之二十餘年，適石谷過小齋，見之歎賞不置，遂以貽之。非但高山流水得遇賞音，其風韻正相類也。

跋石谷臨富春山卷

昔董文敏公嘗爲余言子久畫，首冠元四家，得其斷楮殘縑，不啻吉光羽片。而生平所最合作，尤莫如《富春山卷》。蓋以其神韻超軼，體備衆法，又能脱化渾融，不落筆墨畦逕，故非人可企及。此誠藝林飛仙，迥出塵埃之外者也。余二十年前過荆溪，有一鉅公拉同往延陵氏請觀，以遄歸匆果。既聞此卷有爨桐之厄，幸而所損無多。復爲精鑒者購藏，益信有神物呵護。一江带隔，不能鼓枻往觀，然殘年猶作妄想，庶幾旦暮遇之。去冬，吾友陸子桴亭歸自毘陵，云見石谷臨摹一卷，神采覺異常筆，因思石谷於宋元名蹟摹仿無不奪真，子久尤其所深詣，定知焕若神明，頓還舊觀，不敢望見真跡，見此摹卷足矣。中心卷卷，然如飢渴之於飲飡，欲須臾忘而不可得。適石谷再過小齋，并攜孔老、照老二跋見眎，益令人棖觸豔羨，營魄回皇，不能自已。雖承石谷許以別摹貽贈，然渠應酬紛遝，食息不遑，安得有千手眼，以慰余夢寐之求耶？兩卷余皆未得寓目，特紀平日積慕與無緣披覯始末，以堅石谷息壤之盟焉爾。

題石谷仿趙大年畫

余家藏趙大年《湖鄉清夏圖》，柳汀竹嶼，茅舍漁舟，種種天趣，非南渡後人可及。石谷此圖彷彿相似，而清遠疏朗過之，洵稱冰寒於水。

題自畫壽豁堂和尚

豁堂大和尚以丙午七月三日俗壽七十，爾時適有金陵之行。越歲還山，某始得繪圖作供，補申千歲寶掌之祝。因念和尚毒鼓慧炬，震爍大千，而詩聖畫禪，更復超軼休、巨，蓋緣深入佛智，筆墨點滴，皆從般若中流出，豈塵慮凡心所能測其涯涘。拙畫俗癩，何足博破顏，竊自比於童子戲草木，指甲悉用迴向。惟此一瓣心香，或亦慈光所攝受耳。

題自仿雲林溪亭山色圖

雲林《溪亭山色圖》，舊爲吾郡王文恪公家藏，雲間董文敏公亟稱其爲倪畫第一，余想慕有年，恨未得見。今秋長安公甜拙政園，余偶因過從，幸獲寓目。筆墨高奇，紙素完潔，洵是希世之寶。惜即攜歸清閟，勿獲坐卧其下者，累日夢寐，不能置懷。適從武林返棹，舟中清暇，追憶仿摹，固不能妄希神韻，未知於形模少存大略否。深爲愧歎。

題仿黄子久筆

子久畫師董、巨，而峰巒渾厚，草木華滋，别有一種神韻，不復拘拘師法，故非學習所能幾及。余學之一生，未有入處。五年前偶有佳紙，刻意摹仿，以作此圖，自謂略得其毫末。隨爲友人持去，日久已不復記憶。近東白孫丈從他處以重購得之，重裝見眎，何異享敝帚以千金，深愧其意。

自題畫册贈書城戊申十一月廿八日

書翁老兄自粤東解組歸，屢索余畫册，心許之已累年，因老懶窮愁，曠延歲月，時時如抱重負。夏初偶有興會，弄筆無幾，尋爲俗冗所牽，仍復廢閣。今時序漸及殘冬，轉眼便將改歲，恐益蹉跎，彌重諾責，遂滌塵硯，窮旬日之力，呵凍盡此十幀。腕弱腸枯，竟無一筆是處，强借千載上諸君子之名，漫云摹仿，不足掩媸，而衹以彰陋，用塵法鑒，益滋汗顔。惟書翁比來境遇懽寡愁殷，計一展觀必當撫掌大笑，則以此册代萱蘇，或庶幾耳。

題吴漁山雪圖

漁山雪圖，簡淡高寒，真得右丞遺意。默公孤情絶照，氣韻相同，故宜有殉知之合，展觀歎賞無已。

題袁節母像

重其以幼孤奉事節母，備極孝養，迄於白首，其所以表揚貞嫠者，有牧翁宗伯暨海内諸名公鴻著，自足抗跡圖史，炳耀千秋。兹己酉初春，母壽八十有五，特延名手繪像，傳之世世。昔劉中壘《列女傳》畫像，用古服佩，而繫之以頌。今以牧翁《旌節頌》書於像端，於義斯愜，并以表袁氏一門節孝，亦吾吴希有盛事也。

題王石谷仿江貫道長幅

江貫道師巨然，其皴法不甚用筆，而以墨氣分濃淡渲運爲主。鄧公壽作《畫繼》，在岩穴上士之列，爲南宋第一名家。石谷此圖林麓映帶，峰嶺紆迴，其皴染位置，得巨然三昧。雖規摹貫道，而取精去觕，遠出於藍，自非於逸園有殉知之合，何以得此。歎羡歎羨。

題長白山圖

長白山者，今御史大夫張公之謝墅也。丹梯仙闉，若入道書中，當在清平、良常之間。又得吾鄉宗伯名圖，譬若太華三峰，已劈入巨靈之手，乃使侏儒攄指相向，何從有一節之驗也。泚墨之餘，聊用志愧。

題長白山卷

御史大夫張公長白山兔□，乃仙人白兔公赤松子成道處，靈山仙麓，有金堂玉室在焉。非終南草堂、藍田鹿柴可比。乃屬拙筆爲之寫照，豈能省此？聊以韓君平詩意點綴成圖，用塞來命，不足供大方法鑒也。

跋周櫟園公祖時人畫册後

少司農櫟園周公，世間出爲風雅主盟，偉伐鴻名，淪浹於輿情者，已非一日。而於文章政事之餘，又旁精畫道，流悦圖繪，凡海内縉紳韋布、道人衲子，從事丹青，寓興盤礴者，無不郵驛蒐羅，重繭購索。積集有年，裝成凡二十册，錦贉繡褫，標識其美，啟函披玩，如探玉圃珠林，詭態幻思，繽紛奪目，此固藝林盛事，非公託寄高遠，不能有此。然或謂得佳畫數幀，便足寄情賞，何用多多許，是則不然。夫畫雖小技，化工之賦象與作者之靈機實皆於焉凑泊，即片縑斷楮，其間資性萬殊，宗派各别，一人有一人之思致，一幅有一幅之景趣，精神自不可磨滅。使能摘索而融會之，捨短取長，選精去粗，則釵釧盤盂鎔來一器，更可良金鍮石之辨。且六書象形之首，乃繪事之權輿，推而及於詩文，層疊波瀾，變化曲折，與匠心造景無異。雖擅場畫手，藻出無聲，而慧業文心，知均杼軸，經營一致，塗轍同歸。此潛溪畫原爲彰施所繪，所以濟書之不足者也。今公方以詩文之道津梁後學，宜其於畫有篤嗜，博採兼收，良有深意。因以覘公他日宰持天下，澄叙九流，盡出夾袋所儲，爲國家樹人，以貽無疆之休者，又豈筆揄墨頌所能罄其萬一耶！余疲慕之年，獲此鉅麗之觀；又以蝸涎鳥跡，濫厠麟文鳳彩之間，抑何厚幸。兹於册尾，聊識歲月，用紀勝事，亦以自慶其遭云爾。

石谷畫卷跋

書畫之道，以時代爲盛衰，故鍾、王妙蹟，歷世罕逮，董、巨逸軌，後學競宗，固山川毓秀，亦一時風氣使然也。唐宋以後畫家正脈，自元季四大家、趙承旨外，吾吴沈、文、唐、仇以暨董文敏，雖用筆各殊，皆刻意師古，實同鼻孔出氣。邇來畫道衰替，古法漸湮，人多自出新意，謬種流傳，遂至衺詭，不可救挽。乃有石谷者，起而振之，凡唐宋元諸名家無不摹仿逼肖，偶一點染，展卷即古色蒼然，毋論位置谿逕宛然古人，而筆墨神韻一一奪真。且仿某家則全是某家，不雜一他筆，使非題款，雖善鑑者不能辨。此尤前所未有，即沈、文諸公亦所不及者也。余嘗謂石谷惜生稍晚，不及遇文敏公。使公見之，不知如何擊節歎賞。石谷亦自恨無緣，時爲惘惘。今此卷雲煙滅没，林木鬱森，全從營丘、巨然筆，而兼燕文貴之景物萬變，尤稱生平合作。今秋將赴櫟翁少司農之招，欲即用爲贄，因出以示余，而屬爲標識。蓋櫟翁風流博雅，爲士大夫之宗、精鑒之祖。

其於石谷相慕甚殷，一見訢合固不待言。而石谷感遇殉知，殫其靈心妙指，爲清閟几席之供者，瓌異更不可數計，所謂「得夫子而名益彰」也。初即不遇文敏，今得遇司農，已足快平生矣，又何生不同時之慨哉？

跋石谷仿宣和畫

宣和主人於萬幾之暇，游戲丹青，山水樹石外間作花鳥蟲魚，用以寫生適興。其措意用筆處，往往迥出天機，超軼塵表，絶非尋常畦徑可及。此《江渚秋晴卷》純仿楊昇，不多用墨，全以色渲染成圖，疏秀高奇，如三代鼎，古色照人，洵稱希世之寶。舊爲余所購藏，後歸漁山宗伯。既聞其遭鬱攸之厄，時復悵然於懷，不意石谷乃能追憶臨摹，不爽毫髮。過婁，攜以見眎，反復披玩，焕若神明，頓還舊觀，歡喜不能釋手。惜原本先爲六丁取去，瑰異在前，弗獲爲延津雙龍之合耳。

題畫贈顧茂倫

重其每過婁，輒言茂倫道翁欲得余山水小景，當由誤聽，謂余於畫道果有所詣，不知實未窺其藩也。然既辱謬採，何敢匿醜，心許之已累年，而衰病侵尋，舐筆復已再四。

適暑退涼生，偶有興會，漫仿子久筆意，作此圖寄贈請正。聊以酬宿諾耳，不暇計工拙也。

題仿子久秋山圖贈金治文

子久設色《秋山圖》，往從京口張修羽太學家見之，娟秀淡冶，有超然出塵之致。迄今三十餘年，時時往來於懷，未嘗少置。今秋偶爲山行，丹黄滿目，景物與此圖不異。閒窗追憶，聊仿大意，愧未能彷彿萬一。適治文表姪購暍中四先生集見贈，遂以遺之。然投珠報礫，於《木瓜》之詩得無太相反乎？一笑。

題管公遠畫册

公遠管翁淡蕩蕭閒，得雅人深致，畫亦類其爲人。余别二十餘年，衰暮屏居，遂成睽隔。適有攜其畫册見眎者，娟秀淡逸，風流可愛，令人觀之有張緒當年之想。且翁與余生同壬辰，余已龍鍾疲憊，跬步維艱，翁視履益强，筆墨猶暢，如此豈非畫中煙雲供養耶？歎羨無已。

題自畫寄嚴顥亭都諫

去歲子月，顥翁年臺過婁，以此册屬畫。時方寒冬，蹙縮斗室，指僵手瘃，盤礴久廢。春來又塵冗紛遝，酬應不遑。夏初稍閒，風日清美，思有以踐宿諾。而以公精研畫道，妙得古法，不勝小巫氣索，下筆復止者再四。然妍媸鏡無遁形，況工倕之門，尤所願就斧削。不敢自匿其醜，勉滌塵硯，和殘墨漫塗十六幀，腕弱目眵，極乃止。雖每幀標題强名之曰學某家，其實於古人神韻曾未得其毫髮，正米老所謂「慚惶煞人」也。大方家何以教之？

題石谷來鶴圖卷

石谷此圖爲以韜道翁飛鶴來庭而作，其林木蒨蔥，峰巒峭拔，儼然伯駒《仙山樓閣圖》，而秀逸過之，令觀者有飄飄霞外之想。蓋鶴者仙禽，其九皋之響，萬里之心，正與以韜貞姿遠性互相吸引，故宜翩然來下，依止軒墀。而又得石谷以神妙之筆繪成長卷，雲氣滃溢其間，他日挾之遨游八極，當如蘇公駕鶴往來，更無待僧繇畫龍點睛矣。

題自畫贈簡謙居學臺

某少壯時好游戲盤礴，顧實未窺其藩。迨其漸老，稍知宋元畫道津涉，始悟平日所作，猶仍流俗餘習，去古法何啻天淵，益羞澀，久疏筆硯。兹辱謙翁祖臺校士之暇，旁詢及之，不敢自秘其醜，勉效黄子久《松雲圖》，敬呈丐郢。而耄荒腕弱，握筆如杵，非但無一長可效，并古步亦復失之。唐突大方，悚愧交集。公或視爲孺子履、野人芹，一鑒其皈嚮之誠，則幸矣。

題黄忍菴與堅畫册

忍菴以詩文鳴海内，學者得其片言隻句，誦讀咀詠，以爲韓、杜復作。然繪事不可概見。今觀此册，思致高奇，筆墨蒼秀，既脗合古法，又超軼絶塵，誠不意深詣乃爾。蓋詩文之道，霞思天想，撑霆裂月，其意匠經營，原與畫道不二。忍菴精於詩文，神化冥通，安得不精於畫？故知畫雖一藝，非胸中有萬卷書，筆下無半點塵，不能臻此妙境也。歎絶歎絶。

題邱青谷畫

青谷詩詞書畫皆秀逸淡遠，不似食煙火人筆。余神交有年，未晤。聞青谷亦知有余，欲至婁垂訪者再，屢見之友人尺牘。一日，余具刺到門，正值其屬纊之時，究竟不得一面，極爲惋悵。今觀此圖，平淡天真，乃得元人三昧。使天假以年，學愈充而筆愈老，何必多讓倪高士？惜今音徽漸沬，猶幸此畫尚存，風流不墜。且以繫舊友聞笛之思，差足慰耳。

跋葉桐初白雲圖

昔狄梁公登太行，見白雲孤飛，念親舍在下，顧瞻徘徊，雲移乃去，爲思親千古美談。今桐初幼失怙恃，渺絶音容，每一追思，不勝崩心之痛，百感惻愴，悉見乎詩。蓋就岳翁茶村先生深論研求，得其句法，有冰清玉潤之稱，遂相從僑寓金陵。近始歸里，特請湘碧郡伯作《白雲圖》，裝潢成卷，時刻置諸懷袖，以志戀慕不忘之意，且以致莫可自盡之情。其孝思篤至，追比古人過之，將來貽之子孫，爲葉氏世世鴻寶，不獨廉州筆墨奔放，頡頏二米，爲足珍也。

題李文定公金山詩補圖卷

文定公金山詩，雲間董宗伯題其後，雄詞妙翰，輝映卷軸，寶章家秘，百世永貽。顧令某以稚子塗牆之技，點染成圖，是與菅蒯緝龍衮者何異？舐筆之餘，雖以得塵紙尾爲幸，然亦不勝悚汗矣。

跋吴漁山仿雲林筆

白石翁仿宋元諸名蹟往往亂真，惟雲林尚隔一塵。蓋以力勝於韻，其淡處卒難企及也。漁山此圖蕭疏簡貴，妙得神髓，正以氣韻相同耳。

跋石谷臨巨然煙浮遠岫圖

巨然《煙浮遠岫圖》，余一生想慕，未得寓目。辛亥秋，獲觀於拙政園，惜如慶喜見阿閦佛，一見更不再見。壬子殘臘，石谷從京口歸，紆棹過訪，云爲在辛侍御臨摹一幀，適攜篋中，出以見眎。展觀墨光映射，元氣磅礴，興愜飛動，皴法入神，已爲巨公重開生面，復何有於真跡！石谷固巧奪天工，然非在翁精鑒深契，安得此殉知之合？即余暮年癃篤，猶得披圖歎賞，洵亦奇緣。特書其端，用志藝林勝事，併以自幸云爾。

跋唐子晋没骨荷花

没骨寫生之法，起自江南徐氏祖孫。數百年後，復有匹士兄以畫蓮獨步海内。此圖爲石谷兄稱祝，紅衣爛熳，翠蓋參差，迎風如笑，含露欲滴，雖取法徐氏，而高妙過之，真洞心駭目之觀也。安得沾丐殘膏剩粉，片紙永爲世珍？披玩之餘，羡妬交集。壬子殘臘，雪窗呵凍題。

跋吴漁山小景

畫忌筆滑，欲其觚棱轉折，不爲筆使，乃能入妙。北宋諸大家無不如此。漁山爲青嶼侍御作此圖，布置蕭遠，筆墨蒼茫間悉具全力，深得古人之意，正孫虔禮所謂殉知之合也，展觀不勝贊歎。

題石谷仿劉松年筆

松年畫秀美絶倫，然猶未脱蹊徑。一入石谷手，便超逸高妙乃爾。此真藝林絶致，古今罕二，安得不令人傾心歎服哉。特題其端，以識獲觀之幸。

跋石谷爲笪在辛侍御臨大癡富春山卷

元四大家皆宗董、巨，穠纖淡遠，各極其致。惟子久神明變化，不拘拘守其師法。每見其布景用筆，於渾厚中仍饒波峭，蒼莽處轉見娟妍，纖細而氣益閎，填塞而氣愈廓，意味無窮，故學者罕窺其津涉。獨石谷妙在神髓，不徒以形似爲能，尤非餘子可及。然子久真蹟，余生平所見幾及二十餘幀，家藏亦有三四，今皆散帙無存，猶憶董文敏公云，黄畫圖片紙尺璧，畢竟以《富春長卷》爲第一，恨未之見。數年前聞石谷爲晉陵唐氏臨寫一卷，亦未得寓目，但懸擬神韻，題數語於別幅，聊志羡慕之意。舊冬，石谷偶游潤州，復爲在翁侍御對臨真本。今將赴焦山度夏之約，過婁話別，因攜此卷見眎，始見其筆墨縱横，超逸入神，有運斤成風之妙，而總歸於平淡，大癡二百年來翻身出世作怪，白石翁所以自況者，徵之今日，端不多讓。余殘年何幸，獲此鉅觀，雖欣羡有心，未敢輕請。迺蒙〔一〕石谷慨許舐筆，兼欲索侍御題識見貽，聞之益不勝狂喜。蓋侍御清風峻節，砥柱頽波，麗藻雄文，主盟風雅，余皈嚮亦已有年，顧髦衰無由披覯，今邀借芬齒，被以餘光，詎非三生慶快。而石谷古今絶藝，得夫子而名益彰，神怡務閑，又得江山之助，其進乎技者正不知所止。長夏深林，解衣盤礴，吾知息壤之盟未寒，瓊枝之投有望矣。

續畫忍菴册又題

忍菴前以素册屬畫，已爲點染四幀，復承後命畫此一册，置篋中者經年，久負諸責，非徒老懶，實因見君造詣精深，筆墨酣放，不勝小巫氣索也。近晤，又辱詢及，愧無以應，勉仿元四大家筆復作六幀，以足成之。輟筆旋觀，雖較前稍減穉氣，終慚俗癩，非但不能彷彿萬一。冀大匠不拒枉木，賜之斤削，并祈爲我藏拙，勿以示人，則佩相成之愛益深矣。

題自畫贈簡謙居學憲

謙翁公祖以淵、雲之才，具陸、歐之鑒，秉鐸東南，兩閱秋闈，網羅真士，公以生明，思皇鬱蒸，從來作人之盛，未有如今日者也。某舉家長幼盡沐滋培，顧以癃篤杜門，緣慳御李，五中傾戀，何日忘之。兹逢奏滿還朝，敬繪山川出雲，預占霖雨天下，亦猶蔽芾之思、衮衣之誦，纏綿不能自已。仰溷清塵，聊當攀卧云耳。

序顧雲臣雜摹古繪粉本兼彙録名公題跋

緬維藝事多端，浩若煙海，雖其間洪纖精觕種種不同，要皆各有法程，類多秘奥。而盤礴一技，包孕群象，默參化工，既藉天資，復需功力，求工更屬非易。然前人風致規格具存，攻之者但能鏃礪鑽研，磨礲浸灌，自然超軼流俗，聲譽垂延。不然而榘範未循，時趨競騖，是猶空柯無刃，中流失壺，而希伐山取淵，無是理也。余同里雲臣顧子，資性敏悟，幼有畫癖。顧恥爲習俗所囿，羸縢屩遠，訪名宿而師事之，由是藝業日進。初猶以寫照名，亡何佛像人物、山水林木、宫室禽獸、花鳥蟲魚之屬，無不兼工并詣，四方繦幣日集於門。人但豔其品列精能，獨步江左，豈知其窮日落月，鉥心掐腎，攻苦有百倍尋常者？余嘗見其巨帙累累，高可等身。凡生平所見古人圖繪，零星采摘，集爲粉本。凡諸佛菩薩、聖賢遺像蒐求甚備，莫之或遺。至若眉目慈威各别、耳目長短異形、指臂屈伸異勢者，分類每件數十，并羅一紙，以盡衆態，餘物皆然。惟山水則李唐、馬、夏居多，蓋從己性所近也。他如磨宋異錦，花樣出奇者，亦别摹成帙，并以鈎填設色之方細註於旁，以期彰施作繪時與真畢肖；而鼎彝色澤蒼翠，几榻制式古樸者，一經眼即筆之於帙，以備畫圖之用，故宜其點染陳設，古色照人，畧無塵俗。自非儲峙夙充，逢原肆應，何以有此？試問今之學者，其孰能苦心若是？然猶僅一圖耳，更有名公題跋彙録一册，其中論次辨晰，窮極旨趣，涵貫古今，爲儀的津筏者更夥，乃知圖猶事物之迹，非藉闡迪何以濬靈源而開解路？則圖之與跋如輪之有軸，相輔而行，固未可偏有軒輊也。假使悉付之梓，公諸海内，使迷頭布影者知所依歸，其於裨益畫道，嘉惠後生，所推引不益多乎？尹文子有云：「貴工倕之巧，不貴其獨巧，貴其能與衆共巧也。」三復雲臣二書，參以斯言，若券操而節合，深有會於余心，故喜而爲之序。

題自畫贈慕鶴鳴公祖

韓純全論畫曰：「通山川之氣，以雲爲總。」所狀閑逸舒暢、霎𩆜滅没之致，不可以筆墨蹊徑求之。古今得此關捩者，惟海嶽父子，嗣後則黄子久。《浮嵐暖翠》與《夏山圖》兩巨幀，皆以雲氣浮動，掩映林壑，自非意在筆先、機通象外者，曷克臻此。然變幻滅没，參乎造化，固非凡庸所能夢見。某自少肆力追慕，迄於疲暮，曾未能彷彿萬一。今且癃篤日增，筆硯久棄，并疥壁宿習亦復失之矣。兹辱鶴翁老公祖問及繪事，不敢以寸之興，頃刻可霖天下。某乃以淺洲小渚作供几席，又豈非米老所謂「慚惶煞人」者耶？書以志媿。

題文待詔仿趙承旨

文徵仲先生高風介行，坊表不渝，先正典型，表見於紀載者不一。其詩文翰墨，師授皆有淵源，毫芒必循矩度，德藝兼優，允稱金舂玉應。旁及畫道，博綜古人，於趙文敏尤所雅慕，長縑巨幀，每多仿效。然但採掇其高華，而挺勁孤峭之致仍自己出，更有加於人一等者。此圖洵足爲模楷，若厪厪求其形似，則失之矣。

題書城兄小像

瑯琊、太原同源分派，見之簡册者非一。然吾兩家至誼實不因此，蓋自司寇、奉常兩公與先文肅、學憲以同里締交，歡好宛若同氣，一時里中有四王先生之稱。自後子孫皆以輩行齒序，異世靡斁。迨余與書城翁雖從幼追隨履舄，而自揣猥劣，如潢潦之於高霞，不敢仰望。顧承不我鄙棄，提絜有加，睠愛綢繆，老而彌篤，誠不自意何以得此，撫躬殊切負愧也。近承以所圖小像見眎，其自題及諸名筆，翁之風迹襟期，已洗發無遺蘊矣。乃復欲余以沙礫溷厠珠玉，辭勿獲已，勉溯平日交情與素所服膺者，漫識於左。然以沓拖蕪穢之語，輒爲貂續，妄恣鴉塗，多見其不知量。旋自觀之，更不勝慚汗耳。

楊子鶴爲余寫照題贈

海内寫照名家，余生平交與甚鮮。少壯時兩遇曾波臣，先後得二幀，俱不甚似，以後遂久無貌余者。甲寅春仲，虞山子鶴楊兄同石谷歸自邗江，扁舟過訪，雨窗清暇，爲圖小影，竟日而成，見者無不駭歎，詫爲酷肖。即余攬鏡自照，恍若相對共語，呀然一笑。蓋子鶴爲石谷高足，其於畫道探幽測微，妙得神解，悉用以會通寫生，故宜其超軼時流若此。而余樗櫟朽質，蘢葢頑姿，獲此合作，亦不勝自幸其遭矣。

題自仿子久畫贈崑山董父母

古來盤礴名家，宗派皆有淵源，意匠各極慘淡，然其筆法位置皆可學而至。惟癡翁，筆墨外皆有一種淡逸之致、蒼莽之氣，則全出天趣，不可學而能，故學癡翁者多失其真。余自童時以迄白首，即刻意摹仿，歲月雖深，相去愈遠，曾未得彷彿萬一。兹承貞翁父母誤聽下索，且恐髦衰假手捉刀，諄諄垂囑，益滋慚汗。然余一生游戲點染，僅同小兒塗牆，拙劣自知，何有真贋。況比來癃篤倍甚，目昏腕弱，更非昔日，縱黽勉竭其薄技，衹是供大方一噴飯耳。於癡翁神韻，固毫髮無當也。特此請正，并以志愧。

題董文敏雲山便面

文敏公墨戲，煙雲滅没，筆墨淋漓，與米氏父子相伯仲。此扇雖黯敝，猶是安石碎金。臣宸親翁偶於市上鑒賞得之，裝潢什襲，寶護不啻髻珠，真稱巨眼。

題石谷仿黄鶴山樵卷

元四大家畫皆宗董、巨，其不爲法縛、意超象外處，總非時流所可企及。而山樵尤脱化無垠，元氣磅礴，使學者莫能窺其涯涘，故求肖似良難。惟石谷深得其神髓，尺幅巨幛，無不亂真。此卷爲高足荇文作，凡林壑之開闔蔽虧、煙雲之變幻滅没，寓法度於縱放之中，得奇趣於筆墨之外，山樵秘密藏指授已無餘藴。荇文得此，心摹手追，行見黄鶴一燈近在虞山，相續無盡，詎非藝林快事耶！書以志喜。

題廉州畫

廉州畫出入宋元，士氣、作家俱備，一時鮮有敵手，而蒼秀之致，與年俱進，往往不經意處，更非時流可及。此圖高古簡淡，有唐賢風度，學者但於象外求之，當得其玄妙耳。

又題廉州仿子久

每見子久破墨，多由淡入濃，故所畫山容樹色斐亹映帶，趣味無窮，非盤礴家所能彷彿。余舊藏《陡壑密林》小幀，尤曲盡其致，惜以貧不能守，久去几席，時時往來於懷。今見湘碧所作，雖位置各别，而氣韻宛然，自非斲輪妙手，詎能臻妙若此。披覽之餘，倍深歎服。

題石谷摹古巨册

石谷於畫道研深入微，凡唐宋元名蹟已悉窮其精蘊，集以大成，聲名驚爆海内，遠近丐求者户外屨滿，欲作鐵門限久矣。近從鹿城舟次，得快覩巨册摹古共二十幀，筆端變化，於前喆神韻種種各極其致，展玩迴環，如探海藏，如羅寶網，不覺目眩魂揺。但惜先有所歸，勿獲乞爲家秘，朝夕坐卧其間，猶不勝恨惘耳。

跋廉州畫册

廉州畫初師董、巨，咄咄逼真，年來更出入三趙，以穠麗爲宗，然高華秀逸兼而有之，總由胸中畫學浩如煙海，至足之餘，溢爲怪奇。蓋出於不得已，亦猶詩之變風，時會使然，非有意以炫世駭俗也。此册得變化三昧，尤稱傑作，不待波斯胡，當識其爲至寶耳。

又

此圖古秀深遠，與巨然亂真。余昔見《賺蘭亭圖》，其用筆正如此，乃廉州自題謂梅花道人，恐仲圭猶當避席也。

題宋元名跡縮本

余以一生精血裒集宋元名跡十有六幀，寶護不啻頭目髓腦。年來衰病侵尋，歲荒賦急，貧不能守，先後散歸之好事者，家罄無一存。襟懷索莫，猶失水之魚，濡沫無所。兹幸廉州斲輪妙手，借余所留粉本，神而明之，縮成此册，神采宛在，纖細不遺，洵足洞心駭目。顧余展玩迴環，撫今追昔，深自愧挈瓶之智，益不勝故劍之思，書以志慨。

題吴漁山苦雨詩圖後

漁山以名賢後裔，清標玉立，博物工詩，兼精繪事，與毘陵許青嶼侍御訂文章筆墨之交，相視莫逆。每游覽名勝，巾車櫂舟，未嘗不共。詩文互相唱和，積久成帙。近復有《歎雨》十六韻，系之以圖，尤稱合作。青嶼、秬園後先賡詠，雖憂國願豐，悯時正雅，所志不同，而懇惻纏綿，各窮其致。詩中畫，畫中詩，此卷已備之矣。余於詩道茫然，何敢妄置一喙？惟相望二百里間，偉人高士，大雅之音，孔碩肆好，與珍圖相輝映，爲藝苑一佳話，而余垂盡殘息，猶及見之，亦詎非後幸耶？故喜而題其後。

題湘碧畫

廉州畫學淵源宋元諸名家，摹仿無不逼肖，於巨然尤得三昧。此圖更生平合作。語公素精畫道，今復得此，真傳衣鉢矣。

題自畫贈方艾賢公祖

元季四大家皆宗董、巨，參以變化神明，故能脱盡窠臼，超軼出塵。余於諸君子中更服膺子久者，以其筆墨之外别有一種荒率蒼莽之氣，迥出天機，絶非工力所企及，故習學尤難。余自少壯癖嗜，家藏蹟一二幀，朝夕臨摹，迄衰暮毫無悟入。自戊酉間，困於賦調，貧不能守，遂爲好事者易去，從此如盲人失杖，倀倀何依。兼以老病侵尋，筆墨久成廢閣。茲蒙艾翁公祖，以精鑒博雅之家，垂光下問，想由誤聽謂羊公鶴果善舞也。某不敢固辭，然猶以殘骸畏寒，待春融始勉舐筆，仿子久《夏山》大意，聊博噴飯。雖心摹手追不遺餘力，而旋觀内愧，終似五技窮鼠。惟大方諒其伎倆止此，不以點涴爲罪，則幸甚。

題石谷長卷

石谷畫囊括古人，凌轢近代，聲名震爆海内，無待縷述也久矣。邇日過婁，攜一巨卷，高尺有咫，而長則數十倍之，乃爲高弟西園作者。初猶秘不示人，既從其篋中搜得，纔一展觀，便覺煙雲滿紙，其間峰嵐層疊，林木盤紆，薈蔚蒙茸，恍迷出入，而尋源抉奥，飛泉曲磴，歷歷分明，且皴斫勾點，諸法具備，變幻無窮，一以高古莽蒼爲主。總之，化機在手，元氣淋漓，合荆、關、董、巨爲一，蓋有不期然而自然者，真極藝苑之大[二]事，爲畫禪之大觀也。吴中自沈、文、唐、仇之後有石谷子，畫道始樹正鵠，及門英俊輩出，争奇競爽，今又有此卷爲矜式，使學者知所嚮方，將來虞山一隅，筆墨之事，正未知所止。余衰髦殘年，猶及見之，可勝慶幸。

跋自畫贈徐健菴太史

子久畫全從北苑陶鑄得來，風格高秀，思致幽深，爲元四家之冠。嘗聞董文敏公論其生平傑作，必以《富春圖》爲第一，惜余未得寓目。惟見白石翁臨卷，蒼老有餘，神韻差減，益以未覩真蹟爲恨。適健菴年翁苦索拙畫，而余癃篤眊昏，囊筆櫝硯已及數年，豈能漫應？辭不獲已，勉取子久粉本，撮其大意，點染成圖，顧以軟甜俗筆，妄繪高霞，寧復有毫髮相似。況以横卷改作長幅，其中開合關鍵，一切都非，尚安得有畫哉。敬奉案頭，聊供撫掌，使大方知其伎倆止此耳。

題自畫贈施愚山學憲

子久論畫，凡破墨皆由淡入濃，平淡天真，皆從巨然風韻中來。余此圖畧仿大意，全未得癡翁脚汗氣。惟得一當愚翁先生，即食前噴飯，皆爲仙家十賚矣。

題自畫寄冒辟疆

耳飽辟疆先生名積有歲月，一江帶隔，遂闕褰裳，非但衰病久不出疆，亦自分無一知半解可以儐价左右，是以趦趄不前。惟揆兒草木臭吐，幸爾訢合，而敝親亦史從珂里歸，備述先生肆力於詞賦，殘膏剩馥，沾溉一時，私心益不勝嚮往。既小孫邂逅邗關，復得奉教長者，且承以盤礴小技孜孜下問。顧以癃篤，棄置筆硯，久未有以應命。追溯曩昔藏子久一二真蹟，自壯歲以迄白首，日夕臨摹，曾未彷彿毫髮。蓋子久邱壑位置皆可學而能，惟筆墨之外別有一種荒率蒼莽之氣，則不可學而至，故學者罕得其津涉也。年來疲暮窮蹙，殘縑斷幅，多爲好事者易去。先匠日遠，準的靡從，益日趨於甜癩，點污嘉箋，旋觀倍增惶恐。聊致案頭，用博都盧一笑，庶幾少寄心期，工拙且不暇計耳。

跋虞山陳夫人山水册後

夫德藝相宣，要歸至道，必研深入微，迺臻具美。此即珪璋特達之彦，猶戛戛乎難言之，何況閨閣笄褘〔三〕者流？ 茲海虞瞿太君陳夫人者，以道蘊林下之風，邁少君高世之行，宏覽博物，含英咀華，固已伉儷唱和，嚶鳴悦響矣。而旁及繪事，又能軼追董、巨，出入四大家，一一辭真，尤秀娟之精進、淡逸之極致也。皆趙文敏公文章書畫震耀古今，與管夫人酬贈討論，正堪對壘。然見其點染，不過竹石小草，未聞以山水擅長，規摹諸名家也。則此册殆遠過之矣。壽明襲藏，以爲世寶，於瞿氏文章忠孝之外，又傳不朽盛事，其永爲子孫天球宏璧者，詎有既乎。

題自畫册贈陳學山大司空

余自精力向衰，囊筆櫝硯，久疏盤礴。比更病目昏眵，益與無緣。適逢風日清美，偶乘興會，戲仿諸家小景，積久成册，頗用自喜。兹小孫謁選入都，因學翁年臺累世至誼，揆兒苦索之，以爲孺子利見之資，遂以畀之。仰祈大方郢正，聊當親承指誨，知醜惡不堪獻笑也。

題白石翁長卷

石翁文章翰墨，氣壓九州，而於畫道尤極精研，凡唐、宋、勝國諸名家，無不摹仿，囊括靡遺，不愧集大成之譽。然其平生所作，以磊落蒼古爲宗。惟此圖紆迴窈窕，仍歸秀逸。蓋盡去筆墨窠臼，窮象外之趣，自有不期然而然者，真希世之珍，鑒藏良非易易。

余殘光戢影，忽得此鉅麗之觀，抑何幸也。書此志喜，兼以慶鴻寶之得所歸耳。

題曹郡尊屬畫屏幛十二幅

胸無丘壑，兼老廢筆墨，每念少作，方有餘悔。己未夏日，承統翁公祖之命，不容匿醜，摩挲昏眊，敬仿宋元以來名蹟十二幀，用呈一噱。恐優孟折旋，終慚形似，不應涸入清閟也。

跋石田汎月圖

白石翁翰墨妙絶古今，即今片楮點墨，皆同璣璧。此卷奉其尊人汎月所作，畫全師梅道人，詞翰皆極蒼秀，爲其所最注意，非泛泛應酬者，尤可寶也。

題楊子鶴山水册

吴中畫道，自沈、文、唐、仇之後，有石谷子，始樹正鵠。及門者英俊輩出，争奇競爽，又獨子鶴楊子爲白眉，筆墨有出藍之妙。邇日過婁，攜一巨册，展觀便覺煙雲滿紙。其間峰嵐層疊，林木盤紆，蔚薈蒙茸，恍迷出入，而尋源抉奥，飛泉曲磴，歷歷分明，且皴斫勾點諸法具備，變幻無窮，一以高古爲主。總之，化機在手，元氣磅礴，真極藝苑之能事，洵畫禪之大觀也。將來虞山一隅，筆墨之盛，正未知所止。不意余衰髦殘年，猶及見之，深爲慶幸。

題自畫大册爲吴甥德藻

余舊藏唐宋元畫巨册，中有趙文敏《東西洞庭圖》，至佳，數年前爲好事者易去，不可復見，時時往來於懷。茲背臨二幀，筆墨氣韻未能彷彿萬一，畧存其大意而已。

往在都下，於萬金吾所見小米尋丈大軸，青緑設色者，雲氣滅没，群松鬱葱，高華迥絶，不獨以墨氣見奇。乃知高尚書所自出。閒窗追憶作此幀，紙鬆拒筆，未有芥子許與古法相應。不揣效顰，祇益慚惶耳。

巨册中有雲林子少時短幅，皴法全師董源，初尚名琔，題款字極精楷，規楷率更，書畫皆與晚年不類。略仿其意，聊存倪畫一種。

往於董宗伯齋見關仝大軸，布景正是如此。又見李成雪圖，位置亦約畧相似。此圖參用兩家法爲之，筆力輭弱，何異以柔條纖草仰望參天黛色也？愧甚愧甚。德藻甥裝此册屬畫，已及數年。初仿元四大家連畫四幀，既因側理麤澁，頗拒筆墨，漸生厭倦，兼以世故錯互，愁悴萬端，久復庋閣。癸卯長夏，閉關謝客，遂借盤礴爲逃暑計，不數日盡此一册。老眼昏眵，憂心鬱結，詎復有佳思，以希合作。雖云臨摹古人，實未有毫髮得其形似，聊以酬宿諾而已。爰歸案頭，用資噴飯。

自題畫贈于念劬太史

余年齒疲暮，兼以病目經年，筆硯久廢。乙未，揆兒獲雋，幸出念翁太史之門，歸述京邸摳衣函丈時，每承垂詢衰劣，徵及拙畫。雖昏瞳久在雲霧，誼不敢辭，晴窗和墨，勉效一峰筆意，作小圖呈政。手腕生疏，思致枯澀，僅如蝸涎繡壁，彷彿成形，視近時名家猶不堪作奴，何況子久？聊供大方一噴飯而已。

題自畫贈戴巖犖司農

大司農巖翁戴公既工盤礴，又富收藏，故凡宋元諸名家筆精墨妙，無不醞釀胸中，馳驅腕下。余曩年京邸得侍研席，深慶奇緣。顧自己卯歸田，荏苒流光，遂及疲暮。兼以病目屏居，橐筆焚硯，又累年於兹矣。近辱公貽書徵畫，似以夙昔煙雲同嗜，謂衰劣尚能賈勇者。追溯英游，不覺挑動技癢，勉拭昏瞳，仿子久筆意作設色小圖，寄呈郢政。

雖軟甜疥癩，伎倆止此，亦由見公墨瀋令小巫氣索也。譬如短褐蒙茸，豈堪與百丈明光錦比絜長短哉。

題董宗伯畫

思翁鑒解既超，收藏復富，凡唐宋元諸名家無不與之血戰，刓膚掇髓，遂集大成。而筆無纖塵，墨具五色，别有一種逸韻，則自骨中带來，非學習功力可及，故其風格更逸成、嘉間諸名公之上。邇年海内争購，雖殘縑斷楮，珍比連城，況此圖位置筆法高古莽蒼，衆美畢具，尤爲生平傑作。余雖藏有幾幀，求如此者絶少。比從事衍借觀，愛玩不能釋手，事衍畫已獨步吾婁，今更得此爲師資，當益臻神逸矣。歎羡歎羡。

題自畫贈季因士

因翁先生妙筆入神，復具精鑒，凡晋、唐、五季、宋、元名家真虎盡歸其家，海内推收藏之富，不啻珠林玉府。余嚮往有年，顧以江流帶隔，末由褰裳造請，一窺清秘之藏，居恒怏怏，以爲歉事。惟時從友人扇頭見公墨戲，瓌瑋奇特，雖率爾點染，悉備古法，非近代所能企及，輒心形俱服，推爲當世第一。比來畫道入魔，正法眼藏非公誰歸。每思以拙筆請政，而病目經年，筆硯久廢，遂爾逡巡不果。兹因弱水丈見過，云將即日造謁，道公於筆墨有深嗜，即小兒塗牆，欣然許與，勿恡指誨，不覺悵觸技癢，勉拭昏瞳，效子久筆意作小幀博粲。寔仰大方玄鑒，貪於就正，忘其醜惡，非敢操斧工倕之門也。

爲柳敬亭題左寧南像

敬亭敦重意氣，感寧南國士之遇，繪像以識不忘。寧南知人好賢，且麾下之士今專鉞策勳如郭令公之於渾咸寧者，指不勝屈，而敬亭以談说默相引重，則猶蒯通之進賢於曹相國，交道契合，夫豈偶然。今覽此圖，殊不勝咨嗟感歎也。

題卞潤甫畫册

花龕老人秀筆軼塵，晚更研精宋元諸名家，具得其法，臨摹往往亂真，文、沈以後嗣響者一人而已。爾年吴中畫道謬種流傳，盡失原本，雖漫云仿擬，未免盲人摸象之誚。此册妙得古人神髓，非但中郎虎賁，洵可爲迷路指南也。展玩周環，讚歎不已。

題自畫贈杜于皇

于皇杜翁壬午過婁，距今已十八年。其間陵谷變遷，人事錯迕，擾擾萬端，金陵衣帶相望，渺同河漢。不意今茲仲夏，紫氣忽臨，握手笑談，恍如夢寐。郊里觴詠之餘，出此紙索畫。揮汗潑墨，潦草成圖。雖軟甜疥癩，了不足觀，而自惟衰髦殘年，又值蒼茫風塵之際，尚得偷延視息，與古人留連杯酒，拈弄筆墨，暫時賞心，勝緣良不易覯矣。爰書歲月，以志感慨。

題董丹鳴索畫册

余嬰目疾者數年，差幸病在睫輪，瞳神不損，蠅頭細書，燭下猶見，惟苦眦淚盈溢，輒復蔽明，故須時時頮濯。然亦因是六時中瞑坐居多，筆硯久廢。今春丹鳴董丈過婁，持册索畫，以無興會，久留篋中。五月下浣，積雨頗涼，閒居無事，以此册消永晝，日盡三四紙，不五日遂成十二幀。凡宋元名家以及三趙，無所不效。然僅借古人之名，以文己醜，未能彷彿形模萬一，效顰學步，衹益慚惶。況茗中畫道，自鷗波、黄鶴舅甥唱和妙絶千古，嗣此繼響者代不乏人。憶余童時曾見君家儀部公於扇頭仿山樵，莽蒼高古，有出藍之能，迄今猶宛在心目。今余乃以眊餘弄筆，漫汗簡册，是能投瓦礫於玉圃，持布鼓於雷門，徒資識者捧腹耳。丹鳴其爲我藏拙，勿貽無鹽唐突西子之誚。

跋虞山王石谷畫卷

吴門自白石翁，文、唐兩公時，唐宋元名蹟爲富，鑒賞盤礴，與之血戰，觀其點染，即一樹一石，皆有原本，故畫道猶盛。自後名手輩出，各有師承，雖神韻浸衰，矩度故在。迨後有一二淺識者，於古法茫然，妄以己意衒奇，流傳謬種，爲時所趨，遂使前輩典型蕩然無存，至今日而瀾倒益甚。雲間董宗伯後亦云，良可慨也。虞山王子石谷，天資既高，又師事廉州，受正法眼藏，規模古人，遂得三昧。兹偕廉州過訪，請余盡出所藏宋元人畫縱觀，多有悟入，能於筆墨之外抉摘其玄妙，尤爲時流所難，將來精進未見其止。此卷遍仿宋元諸名家，皆平日偶見名蹟藴之胸中而驅之筆端者，氣韻往往奪真。眼之所見，手輒隨之，自是當今絶藝。吴中畫道之衰，端賴振起，不獨稱雄一時矣。可勝歎服。

又題玄照仿子久

每見玄照仿子久筆，林壑幽深，谿路迴折，纖秀處往往亂真。今此圖獨以簡勝，愈得其神，少陵所謂「簡易高人意」者，可爲定評矣。

題自畫

余老嬾目眵，久不作山水大幛。此幀乃是趙君際公昆仲屬爲，爲其所親壽者。晴窗日暖，適有興會，信筆揮染，不旬日而成。其間澗壑縈迴，煙雲滅没，頗得古人之致，殊用自喜。二趙故勳裔，聸雲翁郎其從祖，與余家爲世交，斯圖躊躇滿志，當亦有殉知之合耳。

題吴漁山臨宋元畫縮本

臨摹之難，甚於自畫。蓋自畫猶可從宕匠心，臨摹則必尺寸前規，不爽毫髮，乃稱能事。既使形似宛然，筆墨豈能兼妙。而欲縮尋丈於尺幅之間，求其氣韻位置略不失古人面目，抑又難矣。漁山索覿余所藏諸畫，隨臨仿縮作小本，間架草樹，用筆設色，一一亂真。且能於生紙上渲染煙雲，冉冉欲動，毫無痕跡可尋，是真刻刺神技，斲輪妙手，冥心默契，不可思議者也。況自此與宋元人血戰，曾未匝月，見其近作扇册皆從諸畫中伐毛洗髓得來，脱盡向時畦徑。方在妙年，遂已度越時流，後正未見其止。雖欲不獨步，得乎？嘗見牧翁宗伯題其《桃溪詩藁》，以攻文汲古爲畫道權輿。又聞古人云，善書者必善畫。漁山博綜群書，精研八法，涵茹風雅，悉以迴向筆端，宜其變化不窮，躊躇滿志乃爾也。歎服歎服。

題自畫贈阮亭司寇

吾宗科名簪組，蟬聯奕葉，貴盛莫儔者，海內首推新城。自先文肅與司馬公聯鑣曲江，金蘭氣誼，世世以之。今阮亭昆仲又以文章代興，先世聲華更并昱霅。而溯厥慶源，皆匡廬太翁種德積學，振前烈而啟後賢，其流光者遠也。兒子揆幸附驥尾，實藉龍光。蒙阮翁惠顧前好，時勤尺一，屢復訊及陳人。而疲暮屏居，一江帶隔，椿庭麗晝，勿能扶杖褰裳，躋堂獻祝，悚歉滋深。漫作小圖，自慚俗癩，非謂足塵法鑒，或供噱噱，以進一觴耳。

題自畫冊

寒窗蓄縮，抖擻無悰。晴日映檐，筆墨生興。案上適有素册，遂仿諸家法點染，愧未能彷彿萬一，聊借以遣日破愁而已。

題王書城所眎玄照畫册

瑯琊一派，自晋永嘉南渡迄今，文章勳業，代不乏人，而書法流傳更爲千古凖的。迨弇州、奉常兩公繼起，文章事業不待言，兼以山陰衣鉢得自家傳，世世精研戈法，惟畫不少概見。考張彦遠《名畫記》兼載右軍、大令，李嗣真《畫品》則止列大令一人，然皆未有其蹟，即大令誤筆成烏犉〔四〕牛，亦僅見之傳記，此外寂無聞也。今玄照郡伯夙擅臨池，畫道更博綜古法，爲世所宗。此册摹仿宋元名家，一一得其神髓，雖短箋小景，居然有萬里勢，其巨幛長卷，雄偉深遠當更倍之，正如鸞鶩鷹峙之奇，隨大小結構無不臻妙，洵足當時獨絶，將來續入書畫苑中，光映後先，不但寶章集爲瑯琊佳話也。歲初晴旦，書翁出以見眎，因題其後。

題畫壽繼起和尚

靈巖和尚以古佛現身，無量光壽，蔭覆大千。兹世臈初周，法幢矗竪，道化熾隆，方如日升川至，衆生蒙福正未有涯。某霑法乳慈恩，愧椎拙無能揄頌，聊作小圖，以煙雲供養，當寶掌千歲之祝。蟲絲鳥跡，塵點虚空，未知可博熙怡一笑否也。

題自畫爲郁靜岩

靜岩親翁以此紙屬畫，老嬾久疏筆硯，留篋中者經年。春暮晴窗，屏居多暇，興至漫爲點染，而思涸手生，每致相戾，兼以紙澁拒筆，益復增其疥癩。草率成圖，聊以酬宿諾耳，固不暇計工拙也。

題自畫贈蟄菴

蟄菴仙風道骨，超然塵表，其畫極亦高逸絶倫，不似食煙火人作。顧問道於盲，以佳紙屬畫，小巫氣索，操不律如杵，本不敢輕爲涴污，祇以諄命屢及，弗獲固辭，勉爾塞白。傖父俗筆，妄塵清鑒，是猶呑腥啄腐，與餐霞飲露者夐隔仙凡，真堪愧絶。

題玄照畫册

夫畫道亦甚難矣。工力深者類鮮逸致，意趣勝者每鮮精能。求其法韻兼得，神逸并臻，真不數數覯也。廉州畫學浩如煙海，自五代、宋、元諸名蹟無不摹寫，亦無不肖似，規矩既極謹嚴，神韻又復超逸，真得士氣，絶去習者蹊徑，而精詣入微處，將使白石遜其妍、宗伯讓其工矣。余年來所見仿諸家小册甚夥，此册尤爲合作。適有持以見眎者，留几間累旬，愛玩不能釋手，漫題數語，用識皈嚮。

題玄照畫册

近代惟石田先生，於宋元諸名蹟悉能變化出入，遇得意處，真不讓古人。惟其筆老力勝，往往過之，故於神韻時或稍異。今廉州繼起，董、巨、李、范、三趙以暨元季四大家，皆得心印，非但肖其形似，兼能抉其神髓，不待標題，即知爲某家筆意，誠士林之絶藝、畫苑之宗工也。此十幀摹仿諸家，儼有生氣，學者得之，如大海獲遇導師，不煩更問津涉矣。

題董思翁畫册

文敏公游岱後，其畫爲海内争購，殘縑斷楮，珍等連城，好事家所藏秘不復出，故寥寥如星鳳。近且贋作紛紛，識真家者寡，不無魚目混珠之歎。此册氣韻超軼，迴脱畦徑，乃真蹟中之致佳者，雖小景簡率，要是吉光片羽，洵可寶也。

題玄照畫册

廉州畫册，余所見十餘本。此册爲德藻甥所乞，工麗簡遠，無一不具，所謂士氣兼作家，尤爲殉知合作。古人論畫，以取物無疑爲一合，非十三科全備者不能。今此諸幀中，樹石、屋宇、雲氣、人物畢臻其妙，而所效諸體，不但取肖形模，一一得其神理。蓋平日精研古法，深造獨得，故能意動天機，神合自然，誠有出於筆墨畦徑之外者，非時俗淺學所得夢見也。余從德藻借觀，留置几席間者累旬，晨夕展玩，不忍釋手。惜老衰鈍滯，無能摹仿萬一，惟有讚歎。

題自畫册

此余辛未春以服闋赴補，由水道入都，舟中閒暇，漫爲點染。歲久亦已忘之。乙巳仲春，於抑兒几頭瞥見，云爲友人攜至，亦不知所來。展觀筆竟稚弱，輒爲面赧然。憶作此册，忽忽將四十年，中間陵谷滄桑，變遷多故，俯仰今昔，可勝慨歎。而余偷延殘息，漸迫崦嵫，筆墨之功，視壯時略不少進。小藝尚爾，何況其他？可爲侏儒觀一節效矣。慚愧慚愧。

自題仿黄子久長幅

余丙子初冬偶有山行，以楓林丹黄悦目，遂寫所見，妄謂略得子久皮毛，頗用自喜。

雜置亂紙中，旋爲兒子持去。歲閱一周，聞已裝成巨軸。復索諦觀，則腕弱筆癡，疵累百出，無芥子許與古法相應，不勝顏汗。豈余見與昔異，抑識稍勝前耶？因自溯壯盛之年，腸肥腦満，信手塗抹，如盲人擿埴冥行，曷辨阡陌？迨年齒日衰，探求稍力，又得良友指示奥賾，始益信此道之難。於古人筆墨深微處，粗窺一二，而精力已疲，不能愬習，所謂老将至而耄及之，徒有悼歎而已。爰書畫端，聊志晼晚蹉跎之慨。

跋自畫册爲文邃上人

此册雜仿諸家，後有三幀未畫，未及題款，其在何年與爲誰氏作，已都不復記憶。不知文邃開士得之何人，前秋出以眎余，因請續成後幅。展觀纖弱支離，一筆無有是處，不禁顏汗。攜歸留置篋中，老嬾未能猝應，又逾兩年。今冬屏居一室，小窗晴暖，適有筆墨之興，終日遂竟此册。其視前作，稍覺老蒼。然自分焦芽敗種，迄以無成，非但疾行無善迹也。邃公鄭重購藏，何異千金以享敝帚，深愧其意。

題楊子鶴畫卷

曩歲楊子野鶴爲余寫照，時稱酷肖。今撰兒過虞山，野鶴爲畫小卷，仿貫道，深得巨然三昧。石谷子爲添沙磧遠帆，撰兒謂其畫尺幀千里，真衣鉢相傳。余諦視之，實與宋人血戰，不讓其師。異日石谷子見之，亦應深韙余言。撰兒寶之，勿以今人忽諸。

校勘記

〔一〕「蒙」原作「余」，據《畫學心印》本改。

〔二〕「大」，畫論文庫本作「能」，於意較勝。

〔三〕「褘」原作「禕」，據畫論文庫本改。

〔四〕「牸」原作「」，據畫論文庫本改。

王鑑畫論

染香庵跋畫

蘇州刺史張約庵先生，書法山谷，畫宗北苑，得其三昧，不拘拘形似也。此幅爲程子餘中所圖，樹石蒼潤，筆墨遒美，尤稱合作，惜畫未竟而先生謝世。餘中藏之笥中，歷觀近時畫家，皆不足相續。一見石谷，遂以屬之。石谷曰：『吾學力未至，姑緩之。』藏之又三年，復舉以相示。石谷笑曰：『可以承命矣。』乃澄心斂氣，慘澹經營，忽起奮筆，竟日而就，不啻如出一手。今春余卧病半塘，餘中携以見示，謂余曰：『吾得此畫，如獲天球。且兩公爲吾點染，亦異尋常。非子爲之闡揚，千古韻事幾於泯滅。』余謝不敏，因思向年游秣陵，見魏府收藏叔明、雲林合作，後至長安又見子久、山樵合作，渾然天成，不可分別。意謂先輩風流，難乎其繼。今得遇此，頓還舊觀。不意石谷之蓺一至此極，獨念白首時移，故交零落，約庵墓木已拱，此余之所以悲喜交集者也。餘中其珍藏之，不遇法眼，勿以輕示。

畫之有董、巨，如書之有鍾、王，舍此則爲外道。惟元季大家正脈相傳，近代自文、沈、思翁之後，幾作《廣陵散》矣。獨大癡一派，吾婁煙客、奉常深得三昧意，此外無人。客冬遇王子石谷、沈子伊在於金閶，得觀所作，俱師子久，而各有出藍之妙，不啻如朝彩敵夜光，令人應接不暇也。此卷乃石谷一夕所成，以贈伊在者，余見其筆法遒美，元氣淋漓，愛之不忍去手，幾欲學米顛據船無賴。但非所以待知已。爲題數語而歸之。

人見佳山水輒曰如畫，見善丹青輒曰逼真，則知形影無定法，真假無滯趣，惟在妙悟。人得之不爾，雖工未爲上乘也。故論畫者有神品、妙品之别，有大家、名家之殊，絲毫弗爽也。成、弘間，吴中翰墨甲天下，推名家者惟文、沈、仇、唐，諸公爲搶前絶後，邇來弧矢價高，文章氣濁，所謂筆底烟霞，胸中邱壑，盖百千人僅一見。吴門一雲沈子、虞山石谷王子皆從余游。沈子爲白石翁後人，王子爲大癡鄉晚，兩人俱靈心妙腕，相得甚歡，相益非淺。今觀石谷所贈一雲長卷，烟嵐變幻，林皋蕭瑟，巨然在焉，呼之欲出矣。昔白陽、磬室同出待詔之門，名滿江左。余自愧弗及文翁，二子迥高出于陳、錢之上，師不必賢于弟子，信然哉。因題數語，以志自幸，歲在庚子小春既望，婁東友人王鑑漫跋。

吾郡畫家，文、沈後幾作《廣陵散》矣。近時畫道最盛，頗知南宗正脈，但未免過于精工，所乏自然之致。余此册雖不能夢見古人，幸無縱横習氣耳。

王翚畫論

清暉畫跋

宋之有元章、元暉，猶晋之有羲、獻也。虎兒真蹟流傳已少，况南宫乎？昔白石翁題元暉《瀟湘圖》云：『七十五歲始得一睹，以快生平。』翬生較晚，竊得於米家父子有緣。凡小米真蹟合見數種，又於荆溪吴氏見大米《雲起樓圖》，已爲大快。今秋客京邸，渭翁老先生出示此卷，與吴氏所藏筆氣無二，至山頭多不作横點，只用墨破凹凸之形，樹木、人物、屋宇皆極精工，似王右丞風格，又屬變體。洵知大家筆妙，無所不可耶。翬粗事皴染，不敢望敵南萬一，而賞鑒之緣或過之，用以自幸，并爲好古者志喜云。

嗟乎，畫道至今日而衰矣！其衰也，自晚近支派之流弊起也。顧、陸、張、吴，遼哉遠矣。大小李以降，洪谷、右丞，逮於李、范、董、巨、元四大家，皆代有師承，各標高譽，未聞衍其餘緒，沿其波流。如子久之蒼渾、雲林之澹寂、仲圭之淵勁、叔明之深秀，雖同趨北苑，而變化懸殊，此所以爲百世之宗而無弊也。洎乎近世風趨益下，習俗愈卑，而支派之説起。文進、小僊以來，而浙派不可易矣。文、沈而後，吴門之派興焉。董文敏起一代之衰，抉董巨之精，後學風靡，妄以雲間爲口實。瑯琊、太原兩王先生，源本宋元，媲美前哲，遠邇爭相仿效，而婁東之派又開。其他旁流緒沫，人自爲家者，未易指數，要之承訛藉舛，風流都盡。翬自齠時搦管，佗佗窮年，爲世俗流派拘牽，無繇自拔。大底右雲間者，深譏浙派；祖婁東者，輒詆吴門。臨潁茫然，識微難洞。已從師得指法，復於東南收藏好事家縱攬右丞、思訓、荆、董、勝國諸賢上下千餘年名蹟數十百種，然後知畫理之精微、畫學之博大如此，而非區區一家一派之所能盡也。由是潛神苦志，静以求之，每下筆落墨，輒思古人用心處。沈精之久，乃悟一點一拂皆有風韻，一石一水皆有位置，渲染有陰陽之辨，傅色有今古之殊。於是涵泳於心，練之於手，自喜不復爲流派所惑，而稍稍可以自信矣。

己丑初冬，偶過婁水，秋涯王子出余仿王晋卿《平橋柳色》一幀見示，上有惲南田五詩。猶憶三十年前，侯官張超然與南田同客虞山，余爲之畫柳，兩公各賦絶句十二章以寵之。南田繼亦爲鶴來主人畫柳，書前詩。此册向藏鶴來，秋涯心艷之，而卒不可奪。丙戌秋杪，扁舟相訪，欲余規模其概，聊爲中郎虎賁。時超然方以八閩解元僑寓吾虞，圖成之日，屬其雜題數頁，追述舊遊。而秋涯買王得羊，或亦從此絶意惲册矣。無何，北溪陳子購以餉秋涯。拙筆簡率無足道，而南田没且二十年。覽其遺墨，一題再題，詞翰依依，老人低徊曩昔，感喟良多，而秋涯方自詫一幀之中，具兩人舊蹟，爲賢于鶴來所藏，遂命余補書七詩，而序其端委如此。十月十有九日，海虞七十八老人王翬識，時寓水雲精舍。

王叔明作《修竹遠山》，嘗稱文湖州《暮靄横看》卷筆力不在郭熙之下，於樹石間寫叢竹，乃自其肺腑中流出，不可以筆墨畦徑觀也。南田此圖，真能與古人把臂同行，但屬余點綴數筆，欲如一峰、黄鶴合作《竹趣圖》。余筆不逮古，何能使繪苑傳稱勝事耶。丙寅臘月望後三日，王翬識。

墨井道人與余同學、同庚，又復同里。自其遁跡高隱以來，余亦奔走四方，分北者久之。然每見其墨妙，出宋入元，登峰造極，往往服膺。不失此圖爲大年先生所作，越今已二十餘年，尤能脱去平時蹊徑，如對高人逸士，冲和幽淡，骨貌皆清，當與元鎮之獅林、石田之奚川并垂天壤矣。余欲繼作，恐難步塵。奈何，奈何。

趙令穰規模右丞，每寫水村，必肖農家風景，使人玩賞無已。董文敏云：『王晉卿尚有畦逕，不若大年平淡天真，爲超軼絶塵。』此言信然。凡作一圖，用筆有粗有細、有濃有淡、有乾有濕，方爲好手。若出一律，則光矣。

畫有明暗，如鳥雙翼，不可偏廢。明暗兼到，神氣乃生。以元人筆墨，運宋人邱壑，而澤以唐人氣韻，乃爲大成。

畫石欲靈活，忌板刻，用筆飛舞不滯則靈活矣。繁不可重，密不可窒，要伸手放脚，寬閒自在。凡設青緑，體要嚴重，氣要輕清，得力全在渲暈。余於青緑法静悟三十年，始盡其妙。

皴擦不可多，厚在神氣，不在多也。

氣愈清則愈厚。

此余四十年前所作，時序如流，交游零落，茫然不知爲何人作也。余老矣，年往學荒，精神耗敝，轉覺曩時筆墨，于古略有入處。始知畫道之難，愈求而愈遠也。展閲之餘，因書數語以志愧。辛巳夏五，耕煙散人王翬識。

北宋徐崇嗣創製没骨花，遠宗僧繇，傅染之妙，一變黄筌勾勒之工。蓋不用筆墨，全以彩色染成。陰陽向背，曲盡其態，超乎法外，合于自然，寫生之極致也。南田子擬議神明，真能得造化之意，近世無與能者。石谷王翬題。

繡谷先生慕坡公之爲人，以蘇名其齋，猶坡公圖白傅于齋之意也。蘇公爲當日之白傅，先生其殆今之善學坡公者耶？麓臺學士嘗寫圖贈之，兹復索余圖，用龍眠山庄意，又差近大年一派。雖各闢門庭，而氣韻風規似不遠也。戊子九月二十三日，海虞耕煙散人王翬識。

藝　文　叢　刊

第　六　輯